SPHINX POCKET 34

Michael Howard

MAGIE DER RUNEN

SPHINX VERLAG BASEL

Aus dem Englischen
von Peter Maybach

CIP-Kurztitelaufnahme der Deutschen Bibliothek

Howard, Michael:
Magie der Runen / Michael Howard. [Aus d. Engl.
von Peter Maybach]. Basel: Sphinx-Verlag, 1985.
(Sphinx-Pocket; 34)
Einheitssacht.: The magic of the runes ⟨dt.⟩
ISBN 3-85914-334-4

1985

Originaltitel: The Magic of the Runes
The Aquarian Press
Wellingborough, England
Umschlagbild: Graham Lester
Gestaltung: Charles Huguenin
Herstellung: Clausen & Bosse, Leck
Printed in Germany
ISBN 3-85914-334-4

Inhalt

Der Ursprung der Runen

Das altnordische und angelsächsische Runenalphabet ist eine aus alten Zeiten stammende, in historisches und okkultes Dunkel gehüllte Schreibweise. Über ihre magische Anwendung ist wenig bekannt, obwohl Runenmagie über Hunderte von Jahren weitverbreitet war. Das bisschen Information, das uns zugänglich ist, muss in mühsamer Kleinarbeit aus alten Chroniken zusammengetragen werden, aus Berichten über uraltes religiöses Brauchtum, aus volkstümlichen Überlieferungen und den verwitterten Inschriften heidnischer und halbchristlicher Stelen.

Die genaue Erklärung des Wortes Rune ist vielschichtig: Es lässt sich auf das altnordische und angelsächsische *run* ebenso zurückführen wie auf das frühe isländische *runar* und das gotische *runa*. Diese Begriffe leiten sich wiederum von der indo-europäischen Wortwurzel *ru* her, die abwechselnd die Bedeutung «Geheimwissen» oder «Geheimnis» hat, und dem althochdeutschen *runer*, gewöhnlich übersetzt mit «Flüstern». Umgangssprachliche Begriffe, wie jemandem etwas ins Ohr oder jemandem etwas zuraunen, in der Bedeutung von flüstern oder zuflüstern, bezog sich im England der Angelsachsen auf das Weiterflüstern eines Geheimnisses und hat seinen Ursprung zweifellos im Wort Rune.

Aufgrund dieses allgemeinen Sprachgebrauchs (der uns einen ausgezeichneten Einblick gewährt, wie geheiligte oder tabuisierte Themen in alltägliche Situationen übernommen wurden), lässt sich feststellen, dass das Runenalphabet ein geheimes oder halbgeheimes war, dessen sich die Eingeweihten okkult-heidnischer Traditionen bedienten, um magische Informationen weiterzugeben. Ihr Ursprung geht auf die als Hallristinger Schrift bekannten prähistorischen Inschriften zurück, die von Stämmen des Bronzezeitalters und der Jungsteinzeit ausgeführt wurden, die sich in Norditalien niedergelassen hatten. Zwischen dem Runenalphabet und der etruskischen Schreibweise besteht ein enger Zusammenhang, was die Theorie des norditalienischen Ursprungs zu bekräftigen scheint. Das ungewöhnlich kantige Erscheinungsbild der Runen lässt sich wahrscheinlich darauf zurückführen, dass sie ursprünglich in Stein gehauen wurden, eine Technik, die eine runde Linienführung verbietet. Darüber hinaus gibt es eine eindeutige Verbindung zwischen Runen und der alten keltischen Oghamschrift – wir werden später darauf zurückkommen.

Odin – Gott der Runen

Der Sage nach gilt der nordische Gott Odin als Schöpfer der Runenschrift. Sein Name soll von dem altnordischen Wort *Od* hergeleitet sein, das Wind oder Geist bedeutet. Der römische Geschichtsgelehrte und Reisende Tacitus setzte Odin oder Wodan (wie er von den deutschen Heiden genannt wurde) mit dem römischen Gott Merkur, dem Erfinder des Schreibens, gleich. Die Beschreibung Odins spiegelt seinen düsteren Ruf wider. Er wird gewöhnlich als hochgewachsener hagerer Mann in langem Gewand dargestellt, dessen graues Haar ihm in wirren Locken bis auf die Schultern reicht. Sein Gesichtsausdruck ist hart, er hat nur ein Auge, das wasserblau in weite Ferne starrt. Die leere Augenhöhle ist unter einer weitausladenden weichen Kopfbedeckung verborgen, die ihm tief ins Gesicht hängt. Er stützt sich auf einen Schwarzdornstab und wird von einem Raben und einem Wolf begleitet.

Odin verfügt über Kräfte, um die Toten zu erwecken, die Zukunft vorauszusagen, auf seinem achtbeinigen Pferd durch die Lüfte zu jagen und willentlich sein Aussehen zu verändern. Oft kam es vor, dass Reisende ihn trafen, wie er in menschlicher Gestalt durch winterliche Öde zog. Der Dänenkönig Harald Wartooth begegnete ihm einmal, und der alte Gott versprach dem Monarchen Unverwundbarkeit in der Schlacht. Als Gegengabe versprach König Harald Odin alle Seelen, die sein Schwert aus den Körpern seiner Feinde trieb. Als der König den Gott jedoch hinterging, erschien Odin in Gestalt eines Feindes auf dem Schlachtfeld und erschlug ihn. Es scheint, als könne man sich auf Odin als Vertragspartner nicht verlassen.

Im Altenglischen wird Odin manchmal auch *Grim* genannt, was «mit einer Kapuze bekleidet» oder «maskiert» bedeutet. Dieser Name lebt in Grimsdyke fort, einem Deich bei Harrow Weald in der Grafschaft Middlesex, der diesem Gott offenbar gewidmet ist. Interessant ist, dass die Kelten eine göttliche Hierarchie von kapuzentragenden Göttern kannten, die man Genii Cucullati oder die mit Kapuzen Bekleideten nannte. In der Nähe von Houseteads in Northumberland wurde eine Steintafel aus dem dritten Jahrhundert zutage gefördert, auf der drei dieser Gottheiten abgebildet sind. Über diese Götter ist uns wenig bekannt, nur soviel, dass man sie mit einem magischen Pferdekult in Zusammenhang bringt. Möglicherweise kann man dies wiederum mit den Runen verbinden, wenn man an die heimlichen Aktivitäten der Bruderschaft der «Horse Whisperers», den Pferdeflüsterern, denkt, die bis auf den heutigen Tag in ländlichen Gegenden Grossbritanniens zu finden sind. Diese Leute behaupten, sie könnten Wildpferde zähmen, indem sie den Tieren magische Formeln ins Ohr flüsterten; es scheint, als ginge diese Sitte auf einen vorchristlichen religiösen Kult zurück, der die Göttin der Pferde verehrte. Obwohl das eine reine Vermutung ist, mag es hier eine Verbindung zu dem kapuzentragenden Odin, zu den Genii Cucullati und zu einem heidnischen Pferdekult geben, der sich für magische Zwecke der Runen bediente.

Man sagt, dass Odin sich das geheime Wissen um die Runen aneignete, indem er einen erhabenen Akt der Selbstopferung vollzog. Neun Tage und neun Nächte hing er von seinem eigenen Speer durchbohrt am Yggdrasil oder Weltenbaum, um das verbotene Wissen zu erlangen. Die Neun ist natürlich eine dem Mond zugeeignete Zahl, die die drei miteinander multiplizierten Mondphasen bezeichnet (zunehmenden, Voll- und abnehmenden Mond). In der heidnischen Mythologie ist der Mond ein Symbol der Eingebung, der psychischen Kraft und dem weiblichen Aspekt der Natur, dargestellt im Bild der stets fruchtbaren Mutter Erde. Weiter wird überliefert, dass Odin heiligen Met aus dem Kessel der Eingebung trank, der dem Gott Mimir gehörte, um die Geheimnisse von Leben und Tod zu erfahren. Den Preis, den er dafür entrichtete, war der Verlust eines Auges. Der Kessel ist ein altüberliefertes Symbol für die Grosse Muttergöttin. An diesen Mythen können wir Überbleibsel der alten Mondanbetung und Erdmagie ablesen, die allmählich dem neuen Patriarchat der männlichen Götter dienstbar wurden.

Das Geheimnis der Schamanen

Wir sollten uns allerdings von diesen phantastischen Märchen von mächtigen Göttern und Göttinnen, die irgendwo jenseits des Nordpols in himmlischem Paradies leben, nicht allzusehr berauschen lassen. Es besteht immerhin die Möglichkeit, dass Odin eine historische Persönlichkeit gewesen ist und nach seinem Tode zu einem Gott erhoben wurde. In der Geschichte der Mythologie ist dies nichts Aussergewöhnliches, und es gibt Religionswissenschaftler, die die

Auffassung vertreten, dass die Legenden um Götter, wie Isis, Osiris, Bran und Bridget, um Menschen gesponnen wurden, die tatsächlich einmal lebten, die ihr jeweiliges Land zivilisierten und nach ihrem Ableben als göttliche Wesen verehrt wurden.

Wenn diese Theorie sich im Fall Odins aufrechterhalten lässt, so könnte es sein, dass er ein prähistorischer Schamane war, der nach einem Ritual der Selbstaufopferung ein magisches Alphabet entdeckte. Schamanismus war in grossen Teilen des vorchristlichen Europas die primitive (ich benutze diesen Begriff keineswegs in abschätziger Weise) Religion, und der Schamane wurde in der Stammesgemeinschaft zu einer mächtigen, gleichzeitig gefürchteten und respektierten Figur. Anthropologisch gesehen ist der Schamane ein mit psychischen Fähigkeiten ausgestatteter Mann – oder eine Frau –, der Kontakte zur Welt der Geister herstellen und mit ihren Bewohnern zu kommunizieren vermag. Solche Kontakte wurden normalerweise in einem tranceähnlichen Zustand hergestellt, der durch Einnahme von Drogen, rituelle Handlungen, durch Tanz oder Fasten herbeigeführt wurde. Darüber hinaus vermochte der Schamane die Zukunft zu prophezeien, aufgrund hellseherischer Fähigkeiten verlorengegangene Gegenstände oder Personen wiederaufzufinden und mit den Toten zu sprechen.

Der Schamane ist auf eine Art «verschieden» von den anderen, die für den westlichen Menschen, der den Kontakt zu den Mächten der Natur auf unserem Planeten verloren hat, schwer zu begreifen ist. Innerhalb seines Kulturkreises ist der Schamane eine einzigartige Persönlichkeit. Schamanen wurden wegen ihrer Kenntnisse der Mächte des Guten und des Bösen gefürchtet, verlangten aber gleichzeitig den Respekt derjenigen, die von ihnen abhängig waren; denn es ist der Schamane, der die Stammesgemeinschaft vor ihren Feinden (Mensch oder Tier) schützt, der mit Hilfe magischer Beschwörungen eine gute Ernte gewährleistet, der mit den okkulten Eigenschaften der Heilkräuter vertraut ist, der die facettenreiche Zukunft voraussehen kann und der, als letztes Geschenk an seinen Stamm, dafür sorgt, dass er einen würdigen Nachfolger stellt.

Schamanismus findet sich auch heute noch in vielen Teilen der Welt, etwa in entlegenen Gebieten Sibiriens, in Ostindien, Nord- und Südamerika, Afrika und Australien. Sogar in ländlichen Gegenden des «zivilisierten» Europas trifft man gelegentlich auf Anhänger schamanistischer Traditionen, wo die heidnische Religion unter einer dünnen Schicht von Scheinchristentum überlebt. In allen Fällen erkennt man den Schamanen an seinem «Anderssein» und der selbstauferlegten Isolation von der Gemeinschaft, um die Mächte zu gewinnen, ihr zu helfen. Die Welt des Schamanen ist derart anders als die unsere, dass wir, um ihren Modus operandi zu verstehen, sie selbst erfahren müssten. Das Universum des Schamanen ist voll und ganz magischer Natur. Nichts ist einfach nur gewöhnlich, nirgends sind die Dinge nur das, was sie zu sein scheinen. In seiner Welt gibt es keinen Platz für die einfache Vision, von der der Dichter William Blake sagte, sie sei der Mangel an phantasievoller Reaktion in der westeuropäischen Kultur. Für den Schamanen hat jedes Ding magische Bedeutung. Er hat gelernt, die Zeichen und Vorzeichen zu lesen, die Mutter Erde in der Natur ausgelegt hat, um ihre Kinder zu führen, und indem er sich dieses Wissen aneignet, kann er jenen helfen, denen es an dieser erhabenen Betrachtungsweise der Natur mangelt.

Die visionäre Kraft der Schamanen

Die magische Bewusstheit, die der Schamane als eine natürliche Eigenschaft besitzt, ist praktisch nicht auf den westlichen Menschen zu übertragen, der die Nabelschnur zur Mutter Erde durchtrennt hat. In unseren Tagen werden geistige Angelegenheiten entweder auf einen gelegentlichen Kirchgang aus Anlass einer Hochzeit, einer Taufe oder Beerdigung abgedrängt oder gleiten zum Brennpunkt überholten Aberglaubens ab, dem eine irrationale Furcht vor dem Unbekannten zugrundeliegt. Wir haben uns in einen technologischen Kokon eingesponnen und machen aus seiner warmen Geborgenheit heraus abfällige Bemerkungen und ziehen die schamanistische Glaubenslehre, die einst Grundlage unserer derzeitigen religiösen Impulse war, ins Lächerliche. Obwohl der Schamane möglicherweise nicht in dem Sinne «gebildet» ist, wie der westliche Durchschnittsbürger es versteht (das heisst, von Kindheit an konditioniert, eine materialistische, einspurige Vision der kosmischen Zusammenhänge zu akzeptieren), ist seine Bewusstheit gegenüber der Natur, in der wir leben, atmen, schlafen und irgendwann einmal sterben, tatsächlich um ein Vielfaches konzentrierter und potenter als die begrenzte Weltsicht, wie wir sie mit unseren, von einer nicht-magischen Zivilisation abgestumpften Sinnen und verschwommenem Blick erleben.

Der Schamane kann, allein indem er durch die Wälder streift und die Beschaffenheit und Form eines Steins, die Farbe eines embryonal zusammengerollten Herbstblattes betrachtet, indem er den Vögeln im Geäst der Bäume lauscht, die elementare Kraft des Windes spürt oder Tierfährten in frisch gefallenem Schnee zu deuten weiss, sich auf die subtilen Schwingungen jenes Seinszustands einstimmen, der in den Niederungen zwischen der materiellen Welt und den Gefilden des Geistes angesiedelt ist. In unserer modernen Gesellschaft ist eine solche Wahrnehmungsfähigkeit selten geworden und allein im wohlbehüteten Besitz einiger weniger Einzelpersonen, die diese schamanistische Sicht des Lebens teilen. Dieser Kreis von Auserwählten schliesst Künstler und Dichter ein, Schriftsteller und Mystiker, die das Einssein mit den Kräften der Natur vollziehen, welches das Zeichen des wahren Schamanen ist und ihn von der übrigen Menschheit abhebt.

Das Tor zu okkultem Wissen

Auf welchem Weg macht der Schamane diese Erfahrung? Es gibt verschiedene Methoden, die angewendet werden, um den besonderen Trancezustand zu erreichen, der den Kontakt mit der spirituellen Seite der Natur ermöglicht. Darin eingeschlossen ist der Gebrauch natürlicher Psychedelika durch den Schamanen, wie etwa die Halluzinationen hervorrufenden «heiligen Pilze», womit in diesem Fall der Fliegenpilz (unter seinem lateinischen Namen *Amanita muscaria* bekannt) gemeint ist. Andere, sicherere Methoden, um einen Trancezustand herbeizuführen, sind Atemtechniken, Yoga, Sinnesentzug, Fasten und rituelles Tanzen. Auch gibt es gefährlichere Methoden, wie Geisselung, rituellen Sex und Selbstfolterung, die (bis auf den heutigen Tag) von den Schamanen der nordamerikanischen Indianer angewendet werden. Kehren wir zur altnordischen Legende des kapuzentragenden Odin zurück und erinnern wir uns, dass er neun Tage und neun Nächte von seinem eigenen Speer durchspiesst wurde. Am Ende dieser Erfahrung hatte er die Vision des magischen Runenalphabets. Den Eingeborenen Amerikas sind ähnliche Rituale durchaus geläufig. Tapfere junge Männer werden an tief ins Fleisch getriebenen Haken vom Dachbalken der Medizinmannhütte gehängt. Manche Priester der Eingeborenenreligionen betrachten das Ertragen starker körperlicher Schmerzen als ein Werkzeug, um die psychischen Körperzentren, die im östlichen Mystizismus als *chakras* bekannt sind, zu öffnen.

Opferbräuche

In einem meiner früheren Bücher (*Runen und andere magische Alphabete*) sprach ich von den Initiationsriten der Odin-Mysterien. Damals stellten wir Überlegungen darüber an, dass diese Zeremonie ein symbolisches Opfer des Novizen beinhaltete, den man zu diesem Zweck an eine Eibe hing. Eine solche rituelle Handlung mag eine symbolische Wiederholung der von Odin durchgeführten Handlung sein, durch die er das Runenwissen erlangte. In späterer Zeit wurde dieser rituelle Brauch allmählich verfälscht und als ein eher schreckenerregendes Menschenopfer gedeutet. Auch mag dieses Brauchtum sich aus Bestattungsriten entwickelt haben, bei denen man den Leichnam mit Speeren durchbohrte und verbrannte, was gewiss in Anlehnung an Odin geschah. Ein christlicher Abt des elften Jahrhunderts schildert ähnliche Vorgänge und liefert eine bildliche Darstellung von in Bäumen hängenden männlichen Opfern und Opfertieren, eine Szene, die sich um einen Odin-Tempel in Uppsala, Schweden, abspielte. Erklären wir den guten Abt im Zweifelsfalle für unschuldig (christliche Chronisten heidnischer Bräuche waren von jeher geneigt, Tatsachen zu verzerren und die «hässlichen» Aspekte solcher alten Religionen, die sie verabscheuten, zu übertreiben), so scheint es, dass derartiges Brauchtum anlässlich besonderer Festlichkeiten alle neun Jahre in jenem Tempel gepflegt wurde, um den Todestag des kapuzentragenden Runengottes zu begehen. Ist es möglich, dass in diesem Land der einstige Hunger auf öffentliches Hängen und das gegenwärtige Verlangen nach Wiedereinführung der Todesstrafe ein unbewusstes, im Volk verhaftetes Erinnern jener verfälschten und grausamen Riten zu Ehren Odins ausdrücken? In der Welt der Magie ist nichts unmöglich, und das alte Klischee, dass die Wahrheit stärker ist als Fiktion, trifft an diesem Punkt exakt zu.

Odin, die geschichtliche Persönlichkeit

Es gibt Historiker, die die Auffassung vertreten, Odin hätte möglicherweise tatsächlich gelebt; so zum Beispiel Robert Macoy, der behauptet, Odin sei ursprünglich der Häuptling eines asiatischen Stammes gewesen, der seine Heimat verliess, über Mitteleuropa Skandinavien erreichte und sich dort ansiedelte. Er gründete ein Königreich, erliess neue Gesetze und richtete eine geheime Religion ein. Er nahm den magischen Namen Odin an und gründete eine Priesterschaft, der zwölf (die Sternzeichen verkörpernde) Weise angehörten, die das Königreich verwalteten, religiöse Zeremonien abhielten und als Propheten auftraten, die zum Wohl ihrer Gemeinden die Zukunft voraussagten.

Der amerikanische Esoteriker und Philosoph Manly Palmer Hall schreibt in seinem epischen Meisterwerk *The Secret Teachings of All Ages*, der historische Odin sei nach seinem Tode mythologisiert und mit einem örtlichen Gott desselben Namens gleichgesetzt worden. Ein Vorgang, der mit der Apotheose, der Vergöttlichung des geschichtlichen Jesus von Nazareth vergleichbar ist, der, wie es scheinen will, ein jüdischer Rabbi mit aussergewöhnlichen psychischen Kräften war. Nach seiner Kreuzigung wurde er von einer zionistischen Minderheit als Messias angenommen, von dem in den Prophezeiungen des Alten Testaments die Rede war. Wie wir an anderer Stelle bereits feststellten, wurden besonders geachtete Administratoren, die in Zeiten nationaler Unruhen als Zivilisationsbringer fungierten, nach ihrem Ableben von dankbaren Untertanen in den Rang von Göttern erhoben. In unseren Tagen sind es berühmte Schauspieler, so etwa Rudolph Valentino, James Dean und Marilyn Monroe, die in den Augen ihrer Bewunderer einen vergleichbaren göttlichen Status einnehmen.

Die Odinischen Mysterien

Manly Palmer Hall führt aus, dass die heiligen Odinischen Mysterien in neun (wiederum achte man auf die mystische Zahl Neun der frühen Mondanbeter) Höhlen zelebriert wurden, die die neun aufsteigenden Welten der Geister symbolisierten. Der jeweilige Novize, der in die Mysterien eingeweiht werden sollte, symbolisierte Odins Sohn Baldur, der den betrügerischen Machenschaften Lokis, der nordischen Personifizierung der Mächte der Finsternis, zum Opfer fiel – eine Wiederholung der altägyptischen Legende, derzufolge der Sonnengott Osiris von seinem Bruder / Sohn Set ermordet wurde. Darüber hinaus stellte eine jede Höhle, die der Novize während seiner langen und mühevollen Zeremonie durchreisen musste, die neun Naturkreise dar. Die Priester, die das Initiationsritual leiteten, symbolisierten die Sonne, den Mond und die Sterne; ausserdem repräsentierten sie, der nordischen Mythologie gemäss, die planetaren Geister, die diesen Himmelskörpern zugeordnet waren.

Schliesslich entstieg der Novize auf seiner symbolischen Reise durch die Welt der Geister der letzten Höhle und gelangte in ein innerstes Heiligtum, dessen Dach mit Kampfschilden behängt war. In dieser heiligen Kammer bekannte er sich zur Schweigepflicht und legte einen Treueeid ab. In Anerkennung seines Gottes Odin küsste er schliesslich die blanke Klinge eines Kriegsschwerts und trank von einem besonderen, mit aromatischen Kräutern gewürzten Met, der in einem Kelch gereicht wurde, der aus einem menschlichen Totenschädel gefertigt worden war. Abschliessend erhielt der Novize einen silbernen Ring, in den Runenzeichen eingraviert waren, und man eröffnete ihm, dass er die Pforten des Todes durchschritten hatte und als vervollkommnetes Wesen wiedergeboren worden war.

Sofern Manly Palmer Halls Beschreibung der Odinischen Mysterien als Tatsache akzeptiert werden kann – und es gibt wenig Grund, die Authentizität seiner Forschungen alter religiöser Praktiken zu bezweifeln –, repräsentierte der Adept nicht nur den Gottessohn Baldur, sondern wurde am Ende seiner Reise durch die neun Welten mit einem Abbild des Gottes konfrontiert; und zwar als Teil einer magisch-religiösen Praxis, die anlässlich heidnischer Einführungsrituale durchaus geläufig war. In solchen Ritualen, in denen zeremonielle Irrgärten in dem Augenblick eine Rolle spielten, in dem der Novize das Zentrum erreichte, wurde ihm (oder ihr) ein Bronzespiegel vorgehalten, in welchem sich sein (oder ihr) eigenes Antlitz spiegelte. Dies war eine Möglichkeit, den Novizen die Bedeutung jener, über dem Zugang zum Delphischen Orakel angebrachten Worte: «Erkenne dich selbst» zu lehren; gleichzeitig wurde das Wissen mitgeteilt, dass die reine spirituelle Wahrheit nicht aussen, sondern allein im Innern erfahren werden muss.

Manly Hall hält kategorisch daran fest, dass der Grabhügel König Odins sich in der Nähe des wichtigsten, dem alten Gott geweihten Schreins in Uppsala befinden muss. Wir wissen nicht, ob diese Legende anhand archäologischer Untersuchungen des Grabhügels überprüft worden ist, dennoch scheint festzustehen, dass, will man der Überlieferung Glauben schenken, es sich bei Odin um eine historische Persönlichkeit handelte, die später zu einer Gottheit erhoben wurde.

Der Kult des Königtums

Wie Dr. William Chaney in seinem *Cult Of Kingship in Anglo-Saxon England* darlegt, beanspruchen fast alle angelsächsischen Königshäuser, dass sie von dem göttlichen Vorfahr Wodan oder Odin abstammen. Dieser Treuebeweis gegenüber dem alten Gott – beziehungsweise seinem ursprünglich menschlichen Repräsentanten, dem alten Schamanenpriester – gelangte über die einfallenden germanischen Stämme nach England. Bezeichnenderweise überlebte dieser Glaube, so Dr. Chaney, die Bekehrung der Angelsachsen zum Christentum.

In der germanischen und der skandinavischen Mythologie und Stammesgesellschaft war der König der Hohepriester der Odinischen Mysterien und wurde in der altnordischen Dichtkunst «der Hüter des heiligen Odin-Tempels» genannt. In Übereinstimmung mit diesem Glauben wurden die Königshäuser der Angelsachsen als durch Erbe mit dem Gott Wodan verwandt angesehen. Deshalb ist es nur logisch zu folgern, dass diese Herrscher – sei es im wörtlichen oder im symbolischen Sinne – sich auf eine gradlinige Abstammung vom ersten Stammeskönig beriefen, der den Namen Odin annahm. Er war der Priester-König, dem (auf dem Wege schamanistischer ritueller Selbstopferung) das heilige Runenalphabet zufiel.

Dr. Chaney hebt hervor, dass die Vorsilbe «Os», mit der Bedeutung «heidnischer Gott» oder «göttlich», in nicht weniger als zwölf alten northumbrischen Königsnamen vorkommt. Bis auf zwei dieser Könige starben alle eines gewaltsamen Todes, eine Tatsache, aus der manch ein Volkskundler schliesst, dass sie, der dunklen Tradition des heidnischen Odinismus entsprechend, den Opfertod starben. Dr. Chaney fühlt sich bei dem Wort «Os» an die Geister des Nordwinds in der altnordischen Mythologie erinnert und führt aus, dass es bei den Isländern auch heute noch ein geläufiger Begriff ist, wenn es um die Beschreibung ihrer vorchristlichen Gottheiten geht.

«Os» findet in einem angelsächsischen Runengedicht aus dem achten oder neunten Jahrhundert ebenfalls Erwähnung und wird umschrieben als «... der Beginn jeder Ansprache». Dr. Chaney meint, dies verweise auf Odin, auf jenen Gott, der dem Magier Worte (das heisst, Runen) gab, mit denen jede wichtige Mitteilung oder Ansprache anlässlich altnordischer oder germanischer Stammeszusammenkünfte eröffnet wurde. Daraus lässt sich eine enge Verknüpfung ableiten zwischen dem Gott Odin (dem Erfinder der Runen), den Geistern des Nordwinds, dem northumbrischen Herrschergeschlecht und dem heidnischen Glauben an das göttliche Königstum.

Dr. Chaney vertritt weiterhin die These, dass die Wodan-Verehrung ursprünglich vom Rheinland oder dem südöstlichen Europa ausging. Erst sehr viel später gelangte der Kult des kapuzentragenden Runengottes nach Nordeuropa, getragen von den ihm huldigenden indo-europäischen Wandervölkern. Dies wiederum stützt die Theorie Robert Macoys, der annimmt, dass es ein asiatischer Kriegsgott gewesen sei, der nordwärts ziehend nach Skandinavien gelangte und dort ein göttliches Königreich begründete, dessen Grundlage Opferzeremonien, magische Alphabete und Schamanismus waren.

Runenschriften

Es gab und gibt sie tatsächlich auch heute noch, eine ganze Reihe verschiedener Runenalphabete und -schriftzeichen. Die am weitesten verbreitete ist wahrscheinlich die germanische *fuþark* (das «þ» wird ausgesprochen wie das englische «th»). Dieses Runenalphabet besteht aus vierundzwanzig Runen, die in drei Gruppen zu je acht Zeichen unterteilt sind, genannt Freyjas Acht, Hagals Acht und Tiws Acht. Die gesamte Runenfolge wurde bislang nur einmal vollständig gefunden, und zwar an einer aus dem fünften Jahrhundert stammenden Stele in Kylver in Schweden.

Die germanischen *fuþark*-Runen waren aller Wahrscheinlichkeit nach bis ins ausgehende achte Jahrhundert allgemein gebräuchlich, bis mit dem Einfall der Nordländer skandinavische Runenzeichen nach England gelangten. Diese neuen Alphabete zeichneten sich dadurch aus, dass sie aus vierzehn oder sechzehn Runen bestanden. Mit dem anbrechenden neunten Jahrhundert wurden in Teilen Nordenglands jedoch Alphabete mit bis zu dreiunddreissig Runen für magische, juristische und religiöse Zwecke verwendet.

Im achten und im neunten Jahrhundert verstärkte sich der Einfluss skandinavischer Runen, als Dänen und Wikinger Raubzüge in die östlichen Landesteile Englands unternahmen und schliesslich grössere Gebiete von den Eindringlingen besetzt wurden. Eine der berühmtesten nordischen Runeninschriften kann man auf einem Stein aus dem elften Jahrhundert betrachten, der auf dem Friedhof von St. Pauls in London entdeckt wurde und heute im Guildhall-Museum steht. Die Inschrift lautet: «Finna und Roki liessen mich errichten.» Runeninschriften, die an Kreuzen und Stelen auf der Isle of Man gefunden wurden, sind gelegentlich von Elementen der altirischen Oghamschrift durchsetzt. Damit wird eine enge Verwandtschaft zwischen diesen beiden magischen Alphabeten sichtbar, auf die wir später zu sprechen kommen werden.

Die Mannigfaltigkeit der Runen und die Verschiedenartigkeit ihres Gebrauchs bereiten dem Sprachforscher aussergewöhnliche Schwierigkeiten beim Versuch, diese Alphabete bis zu den Ursprüngen zurückzuverfolgen. Wir haben es mit germanischen Runen zu tun, mit altenglischen oder angelsächsischen Runen, mit skandinavischen (norwegischen, schwedischen und dänischen) Runen sowie mit gotischen Runen. Während des romantischen Wiederauflebens im achtzehnten Jahrhundert, als wohlhabende Aristokraten sich aus Liebhaberei mit dem Okkulten beschäftigten, den phantastischsten Einfällen nachgingen und sich solch orgiastischen Organisationen wie dem Höllenfeuer-Club anschlossen, wurden Pseudorunen ausnehmend populär. Hier und da mag man auch heute noch auf solch fingierte Runenalphabete, auf Inschriften aus jener Epoche stossen, die dem ernsthaften Forscher, der sich bemüht, historische Geheimnisse zu lüften, so manche Kopfschmerzen bereiten.

Die symbolische Bedeutung der Runenschriften

In einem früheren Buch deutete ich die verschiedenen Runenalphabete als Varianten der germanischen *fuþark*-Schrift. An dieser Version werden wir als Arbeitsgrundlage in vorliegendem Buch auch festhalten, um den Leser nicht allzusehr zu verwirren. Dieses Alphabet sieht folgendermassen aus:

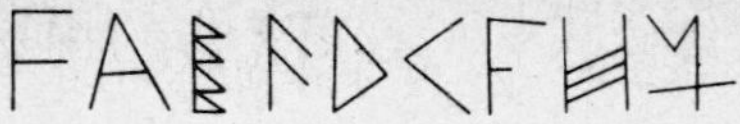

F U TH A R K W N I

P Z S B M L D O

Die Entwicklung dieser Runen zum althergebrachten lateinischen Alphabet, wie wir es in der Schule lernen, lässt sich an der Ähnlichkeit zwischen verschiedenen Runenzeichen und den heute gebräuchlichen Buchstaben aufzeigen. Obwohl die lateinische Schreibschrift Entsprechungen zu den Runenzeichen aufwies, ging ihre tatsächliche Bedeutung und magische Kraft auf die symbolischen Bedeutungen zurück, die die Runenmagier ihnen zugewiesen hatten. Eine Version dieser magischen Bedeutungen ist im folgenden angegeben.

↓ *Feoh.* Vieh; das in alter Zeit eine Art Währung darstellte und anstatt Bargeld verwendet wurde.

ᛒ *Beorc.* Birkenzweig; ein direkter Bezug auf die Fruchtbarkeitsrituale der alten heidnischen Religion. Das Schlagen mit Birkenreisern hatte im Volksbrauchtum sexuelle und magische Bedeutung und galt als glücksbringend. Rituelle Geisselungen anlässlich alten Fruchtbarkeitszeremoniells blieben auf diese Weise in der Volkserinnerung lebendig. Häufig diente bei den heidnischen Ritualen der nackte Körper einer Priesterin als Altar. Die Überlieferung berichtet, dass die Priesterin bei diesen Anlässen auf ein Lager aus Birkenzweigen und wildwachsenden Blumen gebettet war.

▷ *Porn.* In ihrer ursprünglichen germanischen Bedeutung stand diese Rune für einen Riesen oder einen Dämon. Im Altenglischen steht sie allerdings für Dorn oder Stachel. Frühe Magier oder Schamanen verwendeten häufig Stecken aus

Schwarzdornholz, eine magische Waffe, die geeignet war, Verwünschungen Kraft zu verleihen und der Seele der Feinde eines Magus Schaden zuzufügen. Mit derlei Verwünschungen vermochte der Schamane die Eisriesen der altnordischen Mythologie zu beschwören, unter Umständen gar den mächtigen Donnergott Thor, der einen Donnerkeil von elementarer Kraft zu schleudern wusste. Darüber hinaus konnte diese Rune eingesetzt werden, um jene Dämonen zu beschwören und zu steuern, von denen die altnordischen Völker glaubten, dass sie in finstren Wäldern und dunklen Gewässern ihres Heimatlandes herumspukten.

ᚩ *Os.* Dies war die Rune der Götter, vor allem des Gottes Odin. Sie gewährte ihrem Benutzer die Gabe der Kommunikation mit den göttlichen Gefilden. Im Singular benutzt konnte der Runenmagier in direkten Kontakt mit Odin treten.

ᚱ *Rad.* Diese Rune bedeutet eine lange Reise zu Pferd und bezieht sich im Rahmen spirituellen Symbolismus' auf die letzte Reise der Seele zur Walhalla, die für die Helden bestimmte Nachwelt.

ᚳ *Ken.* Eine Fackel oder das Symbol des vorchristlichen Sonnenkults. Zur Sonnenwende und zur Tagundnachtgleiche wurden auf den umliegenden Hügelkuppen grosse Feuer entzündet, um in heidnischer Zeit den Lauf der Sonne am Himmel zu markieren. Diese Daten waren der 22. Dezember (die Wintersonnenwende) und der 21. Juni (die Sommersonnenwende), die den kürzesten, beziehungsweise den längsten Tag des Jahres bezeichneten; sowie der 21. März (die Frühjahrs-Tagundnachtgleiche) und der 22. September (die Herbst-Tagundnachtgleiche), wenn Tag und Nacht die gleiche Anzahl Stunden dauern. Sonnenwende und Tagundnachtgleiche bezeichneten ausserdem die Übergangspunkte der vier Fixzeichen im Tierkreis, nämlich Capricorn oder Steinbock (Wintersonnenwende); Aries oder Widder (Frühjahrs-Tagundnachtgleiche); Krebs (Sommersonnenwende) und Waage (Herbst-Tagundnachtgleiche).

Die Anbetung der Sonne war im heidnischen Skandinavien weit verbreitet und wurde mit männlicher Priesterschaft in Verbindung gebracht. Interessanterweise wird *Ken* manchmal auch Kano geschrieben, ein Wort, das im Zusammenhang mit der Fruchtbarkeitsgöttin Nerthus gebraucht wird. Heute wissen wir, dass die männlich orientierte Sonnenverehrung bis zu einem gewissen Grad dem älteren, dem Mond geweihten Fruchtbarkeitskult der Grossen Mutter wich, der im Europa der Steinzeit weitverbreitet war. Die unterschiedliche Schreibweise und Bedeutung dieser Rune und ihr Symbolismus könnten ein Hinweis sein, wie alt die Runen tatsächlich sind, da die weiter oben beschriebenen rituellen Feuer in der alten Religion der Göttin ebenfalls ein hervortretendes Merkmal waren.

ᚷ *Gyfu* heisst nichts anderes als «ein den Göttern dargebrachtes Geschenk». Dies ist ein beschönender heidnischer Ausdruck für eine Opfergabe, entweder ein Tier- oder (in seiner verderbtesten Art) ein Menschenopfer; ein Aspekt heidnischer Religionen, der nur schwer zu verstehen und zu verteidigen ist. Doch haben wir keinerlei Grund, auf derart schauerliche Bräuche selbstgefällig herabzublicken, solange wir zulassen, dass rituelle Schlachtungen in den Schlachthäusern und die nicht anders als obszön zu bezeichnende Vivisektion stattfinden. Auf unsere Zeit übertragen kann man den Krieg ebenfalls als eine Form des Menschenopfers betrachten – wobei anzumerken bleibt, dass der Kriegsgott des zwanzigsten Jahrhunderts einen schier unersättlichen Appetit auf Blut zu haben scheint.

Anlässlich der Odin geweihten Zeremonien wurden Männer, die schwere Verbrechen begangen hatten oder Kriegsgefangene rituell hingerichtet. Gewöhnlich wurden die Opfer mit Hilfe eines Lederriemens erdrosselt. Somit war ein vergleichsweise schmerzloser und rascher Tod gewährleistet; eine Methode, die bereits in grauer Vorzeit Anwendung fand. Bis auf den heutigen Tag kommt es gelegentlich vor, dass man in den Torfmooren Dänemarks erdrosselte Opfer findet, die bis ins Bronzezeitalter zurückdatiert werden können. Aufgrund der chemischen Beschaffenheit der Moore perfekt mumifiziert, sind diese Opfer zumeist in ausgezeichnetem Zustand; eines ist allen gemein: ein Lederriemen oder eine Weidenschlinge um den Hals. Professor P. V. Glob vom Dänischen Nationalmuseum und Autor des Buches *The Bog People* vertritt die Auffassung, dass es sich bei den Leichenfunden um Menschenopfer handelt, die der Grossen Muttergöttin dargeboten wurden. Ähnlicher Praktiken bediente man sich unter britischer Herrschaft in Indien, als der sogenannte Thuggismus sein Unwesen trieb und leitende Politiker mit Lederschlingen erwürgt wurden. Diese bizarre Form des politischen Mordes brachte den Thuggisten den Spitznamen «Die Würger» ein, und man sagte, dass sie die Seelen ihrer Opfer der finsteren Hindugöttin Kali weihten.

Bei Ausgrabungen in der Nähe der dänischen Gemeinde Gundestrup wurde 1981 ein riesiger Silberkessel gefunden. An seinen Seiten waren Darstellungen von Göttern und Göttinnen eingraviert, wundersame Tiergestalten und eine Opferszene, die dem Betrachter das Blut in den Adern gerinnen lässt. Eine grosse Figur (möglicherweise ein Hohepriester) ist dabei, eine kleine Figur (wahrscheinlich ein Kind) mit dem Kopf voran in ein Ritualgefäss oder einen Kessel zu stecken. Der griechische Reisende Strabo berichtet von einer solchen, bei den Germanen üblichen Praxis:

> Unter den Frauen, die sie auf ihrer kriegsähnlichen Expedition begleiteten, befanden sich Prophetinnen, die gleichzeitig Priesterinnen waren. Sie waren altersgrau

> und trugen weisse Gewänder und darüber Mäntel aus feinstem Linnen mit metallenen Gürteln. Auch waren sie barfuss. Diese Frauen betraten das Lager, Schwerter in der Hand, näherten sich den Gefangenen und geleiteten diese zu einem bronzenen Gefäss, welches gut zwanzig Mass fasste. Eine der Frauen stieg auf die Stufe und schnitt, indem sie sich über den Behälter lehnte, dem Gefangenen, der über den Gefässrand gehalten wurde, die Gurgel durch.

Wenn das Opfer nicht ein Verbrecher oder ein Gefangener aus einem anderen Stamm war, war es nicht ungewöhnlich, dass der König oder Häuptling sich freiwillig erbot, für den Stamm zu sterben. Er wurde damit zum menschlichen Repräsentanten seines Gottes; sein Blut, so glaubte man, besass magische Kräfte, um die Erde fruchtbar zu machen und eine gute Ernte zu garantieren. Derart althergebrachter heidnischer Glauben stirbt nur langsam aus. Tatsächlich wird berichtet, dass, als König Charles der Erste enthauptet wurde, die Menge vorwärtsdrängte, um mit Taschentüchern das verspritzte Blut aufzunehmen. Diesen blutgetränkten Tüchern wurden später übernatürliche Kräfte zugesprochen, mit deren Hilfe Kranke geheilt wurden; auch fielen ihren Eigentümern Glück und Wohlstand zu.

ᚹ *Wyn* bedeutet Freude oder Ruhm. Eine altüberlieferte Geschichte über Odin mag mit der Bedeutung dieser Rune in Verbindung gebracht werden. Darin heisst es, der einäugige Gott des Wissens nahm «neun Zierreiser und zerschmetterte eine Otter, so dass sie in neun Stücke fiel». Diese Zierreiser sind offenbar irgendwelche Runenstäbe, in die genannte Rune eingeschnitzt worden war; daher ihr Name.

ᚻ *Haegl* stand für Schnee, Hagel und Eis, die im kalten Klima des Nordens stets gegenwärtig und ausserdem die natürliche Waffe der Frostriesen und Eisdämonen war, die in winterlichen Schneestürmen unvorsichtigen Reisenden auflauerten und über sie herfielen.

ᚾ *Nyd* stand für das Bedürfnis und die Notwendigkeit, Männer und Frauen anzutreiben, Unmögliches zu vollbringen. In Zeiten der Wikinger und Angelsachsen bedeutete das Überleben einen harten Kampf. Zahllose Gefahren mussten tagtäglich bewältigt werden, um ein Überleben zu garantieren; Hungersnot, Pest, Angriffe wilder Tiere und Überfälle anderer Stämme gehörten dazu. Darüber hinaus war diese Rune ein spezielles Zeichen, das in direktem Zusammenhang mit dem persönlichen Schicksal stand, und in seherischem Sinn repräsentierte sie Schwierigkeiten im täglichen Leben, aus denen man etwas lernen konnte.

ᛄ *Ger.* Ein Speer; die wichtigste Waffe Odins und des Kriegsgottes Tiw (der dem Dienstag seinen Namen gab). Der Speer war bei Kriegszügen auch die Waffe der angelsächsischen und altnordischen Krieger. In Runentexten aus Russland lesen wir über Speerspitzen, in die das Wort «Angreifer» oder gar ein ganzer Satz, «Waffe, die den Feind Reissaus nehmen lässt», eingeritzt war. Beide Runeninschriften wurden von magischen Siegeln eingerahmt, zum Beispiel von der Sonnenscheibe, dem Sichelmond, dem Hakenkreuz und dem Dreischenkel oder Symbol der Lebenskraft. Speere fanden darüber hinaus bei Menschenopferungen Verwendung; im weiteren Verlauf des Buches werden wir darauf zurückkommen.

ᛇ *Eoh.* Eibe. Ein der Runenkunst geweihter Baum, dessen besonders hartes und schöngefärbtes Holz häufig verwendet wurde, um Runenzeichen hineinzuschnitzen. Vor allem in Skandinavien stellte man sogenannte Kerbkalender aus Eibenholz her, die beispielsweise in ländlichen Gegenden Schwedens bis ins neunzehnte Jahrhundert hinein gebräuchlich waren.

Diese Kalender existierten in den unterschiedlichsten

Formen und Grössen: von wenigen Zentimetern bis zu fast einem Meter Länge, als Gehstöcke, als ovale Ringe oder viereckige Scheiben, die teils aus Eibenholz, teils aber auch aus Knochen geschnitten wurden. Sie gaben in Form von Runenzeichen Wochen- und Feiertage an sowie religiöse Anlässe, zumeist in symbolischen Tierdarstellungen. Darüber hinaus waren zur Berechnung der Mondphasen die neunzehn «goldenen Zahlen» angegeben.

Geschilderte Kalender reichen in heidnische Zeiten zurück, doch gehen die ältesten bisher gefundenen Exemplare nur bis ins frühe Mittelalter zurück. Eine Tatsache, die belegt, dass der heidnische Glaube in Skandinavien auch dann noch überlebte, als das Land bereits zum neuen christlichen Glauben bekehrt worden war.

In England wurde die Eibe in ländlichen Gegenden von abergläubischen Menschen als Baum des Todes angesehen. Davon zeugen die in Hülle und Fülle auf Friedhöfen angepflanzten Eiben, denen nachgesagt wird, dass sie an diesem Ort die Toten beschützen und sie gleichermassen davon abhalten, die Lebenden als Geister oder Gespenster heimzusuchen.

ᛈ *Pear* ist eines der geheimnisumwittersten Zeichen im Runenalphabet und konnte von angelsächsischen und norwegischen Gelehrten bis auf den heutigen Tag noch nicht übersetzt werden. Es gibt etliche weithergeholte Deutungen, die zumeist von irgendwelchen Okkultisten stammen; allerdings ist keine überzeugend genug, um hier Erwähnung zu finden.

ᛉ *Eoth.* Verteidigung oder Schutz. Eine magische Rune, die das Betreten privaten Eigentums durch Unbefugte verhindert und denjenigen, der sie benutzt, ganz allgemein vor Schaden bewahrt. Diese Rune wurde häufig in den Türbalken von Grabstätten eingraviert oder auch an Stellen, zu deren Füssen die Asche wichtiger Priester oder Stammesführer begraben lag. Möglicherweise geht dieses Runensiegel auf die rituelle Geste der gespreizten Hand oder das zweigehörnte Zeichen zurück, mit dem der böse Blick abgewehrt wurde.

ᛋ *Sigel* steht ganz wörtlich für die Sonne, die, wie bereits erwähnt, in den Kulturen des Bronze- und des Eisenzeitalters ein wichtiger Gegenstand der Verehrung war. Prähistorische, in Stein geritzte symbolische Darstellungen zeigen oft das magische Hakenkreuz. Das Hakenkreuz ist wahrscheinlich das am häufigsten missverstandene heidnische Symbol überhaupt und wird, wegen seiner Verwendung im Faschismus, von modernen Anhängern der Alten Religion nur selten getragen.

Unglücklicherweise wurde das Hakenkreuz von der deutschen Nationalsozialistischen Partei übernommen und ist seit dem letzten Weltkrieg von den Greueln des Naziregimes befleckt. Tatsächlich ist es eines der ältesten magischen Symbole, das die Menschheit kennt, und wird über die ganze Welt verbreitet in prähistorischer Höhlenmalerei gefunden, wo es die Sonne und die überschäumende Lebensenergie darstellt. Andere Formen sind das Sonnenrad der nordamerikanischen Navajo- und die Spirale der Hopi-Indianer; das Keltenkreuz, welches von den frühen Christen übernommen wurde, sowie das dreifüssige Wahrzeichen der Insel Man.

Das Hakenkreuz ist ein sehr machtvolles Symbol und in der hinduistischen Sanskritsprache als «Alles ist gut» geläufig; im Angelsächsischen wird es «fliegenfüssiges» oder «vielfüssiges» Kreuz genannt. Auf Hakenkreuze stiess man in Persien, Griechenland, Indien, Skandinavien, Frankreich, Mexiko, Finnland und Südamerika. Seine Form stellt den Weg der Sonne über den Himmel dar; das Zeichen ist so machtvoll, dass es im heidnischen Glauben als Symbol der Erdmutter und des Himmels- oder Donnergottes galt.

ᛏ *Tyr* oder *Tiw* war der altnordische Kriegsgott. Mit

diesem Zeichen wurden die Schilde der Wikinger geschmückt, bevor sie in die Schlacht zogen, in die Griffe oder Klingen ihrer Schwerter geritzt oder als Amulett um den Hals getragen. Von jedem Krieger, der das Zeichen Tiws nach aussen hin sichtbar trug, glaubte man, dass er von unglaublicher Stärke und unerschütterlichem Mut erfüllt würde. Die Wikinger waren überzeugt, dass kein Sterblicher sich mit einem der ihren, die unter dem Schutz dieses magischen Symbols standen, messen konnte.

Selbstverständlich verfügte die Odinistische Religion über eine Eliteklasse von Kriegspriestern, die *Berserker* genannt wurden. Dieser Name wurde den norwegischen Wörtern «Bärenhaut» oder «Wolfshaut» entlehnt und deutet wohl auf die struppigen Pelzgewänder der Wikinger hin.

Die Berserker waren in ihrer Loyalität gegenüber Odin und Tiw wie besessen, und ihre Schwerter waren über und über mit Runen besät. Ihre abergläubischen Feinde mochten aus den Beschreibungen dieser Waffen so manches Märchen spinnen, in denen die unbezwingbaren magischen Schwerter vorkamen, die es nach Blut nur so dürstete.

Unter ihren Gewändern aus Tierhäuten waren die Berserker nackt, und man sprach ihnen Kräfte zu, denen zufolge sie sich in Bären oder Wölfe verwandelten, sobald sie bestimmte geheime Runen rezitierten. Eine solche Idee mag ihren Ursprung in der Schnelligkeit und der Behendigkeit haben, mit der die Wikinger ihre Pelze an- und ablegten, und ihren haarsträubenden Kriegsgesängen, die dem Heulen und Knurren wilder Bestien ähnelten.

ᛗ *Mannaz.* Mensch. Diese Rune bezeichnet die Menschheit insgesamt oder ein einzelnes Stammesmitglied. Bei Weissagungen repräsentiert sie zuweilen den Fragenden und lässt sich nur dann mit einiger Genauigkeit erklären, wenn bei der Auslegung die Runen berücksichtigt werden, die vor oder nach diesem Zeichen stehen.

ᛚ *Lagu* oder *Laguz*. Wasser. Diese Rune steht für die heilige Flüssigkeit im Leib der Grossen Muttergöttin, wo nach heidnischer Auffassung die menschliche Rasse ihren Ursprung nahm.

ᛝ *Ing* hiess «die Dänen», die eines der wichtigsten skandinavischen Völker waren, die sich der Runen für magische und weltliche Zwecke bedienten.

ᛟ *Odal* steht für Landerbe oder Eigentum.

ᛞ *Dueg* bezeichnete den Tag, an dem die Sonne am stärksten schien. Dieser Tag war einer der wichtigsten im Kalender der nordischen und angelsächsischen Stämme, da die Runenmagie tief in ihrer heidnischen Sonnenreligion verwurzelt war.

Einzelne Runenzeichen und Kombinationen aus mehreren Zeichen wurden nebeneinandergestellt, um magische Gesänge für Verwünschungen zu komponieren oder um zu heilen. Darüber hinaus waren sie ein Mittel für Prophezeiungen der Runenmeister, die innerhalb der heidnischen Stammesgemeinschaft eine machtvolle Kaste bildeten. Doch dazu mehr im folgenden Kapitel.

Die Runenmeister

Bevor man sich daranmacht, die magischen Eigenschaften des Runenalphabets zu untersuchen, sollte man sich ein wenig näher mit denjenigen beschäftigen, die sich der Runenmagie bedienten, vor allem mit denen, die einem engeren Kreis von Auserwählten angehörten, die von sich behaupteten, Adepten der alten Runenmagie zu sein.

Magier, die Runen für magische Zwecke benutzten, betrachteten sich als blutsverwandt mit Odin, jenem nordischen Gott, dem allgemein die Entdeckung, beziehungsweise Erfindung des Runenalphabets zugeschrieben wurde. Wie wir bereits vernommen haben, waren sie grundsätzlich Anhänger der schamanistischen Überlieferung, die eines der ältesten, wenn nicht gar das allerälteste Glaubenssystem darstellt, welches die Menschheit je gekannt hat. Eines Glaubens, der auf die frühen Steinzeitvölker und deren stark vereinfachende und doch wesentliche Auffassung der allgegenwärtigen Lebenskraft zurückging, die sie in ihrer Kunst und ihren Ritualen als Gehörnten Gott und als Mondgöttin oder Erdmutter symbolisierten.

Wie der schottische Okkultist und Schriftsteller Lewis Spencer schreibt, leitet sich der Begriff des Schamanen von einem mandschurischen Wort mit der Bedeutung «einer, der erregt ist» ab. Dies nimmt direkt Bezug auf einen an Hysterie grenzenden Zustand, den der Schamane pflegte, um mit den Geistern der Verstorbenen und den Elementargeistern der mystischen Unterwelt, die jenseits allem Materiellen existiert, zu kommunizieren. Theoretisch gesehen kann ein Schamane jeder beliebigen Religion angehören und wird dennoch keiner angehören, da er oder sie (der Begriff Schamane ist keinem Geschlecht zugehörig und somit neutral) einer religiösen Auffassung folgen, die die älteste der Menschheit ist.

Schamanistische Ausbildung

Schamanismus wird, wie erbliche Hexerei, innerhalb bestimmter Familien von Generation zu Generation weitergereicht. Gewöhnlich wird eine Tochter von der Mutter, ein Sohn vom Vater eingeweiht. Entscheidet sich jemand, Schamane zu werden, wird er oder sie sich drei Tage lang in die Wälder oder die Tundra zurückziehen, um sich auf die traumatische Erfahrung, die mit der Initiation einhergeht, vorzubereiten. Während dieser Zeit lebt der zukünftige Schamane in Harmonie mit der Natur und verweigert jegliche Nahrungsaufnahme. In dieser Periode nachdrücklicher Isolation erhält der Novize (oder die Novizin) seine (oder ihre) zum Medium geeigneten Kräfte (die Fähigkeit, mit Geistern zu sprechen) auf dem Wege über die magische Reaktion eines natürlichen Gegenstandes. Dieser Gegenstand mag ein Stein sein, ein Tier oder ein Baum, der in dem Augenblick zu einem rituellen Totem, einer Kraftquelle für den Schamanen wird, da er oder sie zum Stamm zurückkehrt.

Das psychische Training eines Schamanen dauert mindestens zwei bis drei Jahre. Es besteht aus okkulten Übungen, die darauf angelegt sind, die psychischen Zentren des Körpers zu öffnen, um den Kontakt mit den Geistern des Jenseits aufzunehmen. Körperliches Training, das ebenso hart ist wie das Kontrollieren der psychischen schamanistischen Fähigkeiten, besteht aus Unterweisungen durch die Stammesältesten, Unterweisungen in rituellen und jahreszeitlichen Tänzen, magischen Gesängen und dem Schlagen einer speziellen Geistertrommel, mit der der Schamane Kontakt zur Unterwelt herstellt.

Die Geistertrommel war stets das wichtigste magische Instrument, das in schamanistischen Zeremonien eingesetzt wurde. Es glich der traditionellen irischen oder schottischen Bodhrann-Trommel, die heute noch auffälligstes Merkmal vieler Folklore-Gruppen ist. Sie besteht im Prinzip aus einem einfachen hölzernen Reifen, über den eine Tierhaut oder ein Stück Segeltuch gespannt ist, die mit Messingnägeln straffgehalten wird. Eisen soll bei der Herstellung dieses Instruments deshalb nicht verwendet werden, weil man seit frühester Zeit glaubte, dass Eisen die in magischem Rituell beschworenen Kräfte unwirksam macht. Das Fell der schamanistischen Geistertrommeln wurde mit okkulten Symbolen oder Dämonendarstellungen geschmückt; in den Trommelrand schnitzte man Runenzeichen. Die Trommel wurde entweder mit der flachen Hand geschlagen oder mit aus Holz oder Knochen geschnittenen doppelköpfigen Trommelstöcken.

Schamanen bezogen okkulte Unterweisungen und Lehren vielfach aus visionsähnlichen Träumen. In diesen Träumen tauchten Geister aus der Unterwelt auf, manchmal in Tiergestalt, manchmal als Fabelwesen, und sprachen zu den Schamanen. Vor allem in heidnischen Gesellschaften kamen derartige Erfahrungen im Laufe magischer Initiationsriten häufig vor. Psychologen wie C. G. Jung, haben in unserer Zeit dem versteckten Symbolismus in Träumen besondere Aufmerksamkeit geschenkt und festgestellt, dass Träume ein wichtiger Aspekt bei der Persönlichkeitsentfaltung sind. Ob wir uns daran erinnern oder nicht, jeder Mensch träumt, und die Träume, die farbig erlebt werden, oder sich im Augenblick des Erwachens leicht ins Gedächtnis zurückrufen lassen, sind wichtig und sollten sorgsam analysiert werden. In Träumen gibt das Unterbewusstsein viele seiner Geheimnisse preis, und wir können die archetypischen Bilder, die in unser aller Kollektiverinnerung schlummern, kontaktieren. Tatsächlich können wir auf diese Weise zu unseren eigenen Schamanen werden.

Schamanistische Einführungsriten

Ein wesentlicher Teil schamanistischer Einführungsrituale war die als das «Besteigen des Baums» bekannte Zeremonie; dazu wurde auf einer Waldlichtung ein Pfahl aus Birkenholz aufgerichtet. Eine Ziege oder ein anderes kleines Tier wurde geopfert und sein Blut auf die neun Körperöffnungen des nackten Schamanen geschmiert, um, auf diese Weise versiegelt, das Eindringen negativer Kräfte zu verhindern. Der Meisterschamane kletterte dann den Pfahl hinauf und schnitt während des Aufstiegs neun Kerben in das Holz. Schliesslich folgte der Novize dem Meisterschamanen und trat damit eine Reise an, die den Aufstieg der Seele durch die neun Himmelswelten symbolisierte. Der Birkenpfahl, der in dieser Zeremonie verwendet wurde, stellte die Säule oder den heiligen Baum dar, der im Mittelpunkt der Welt steht und auf den Polarstern, das Gefilde der alten Götter, weist. Dieser heilige Baum verbindet die materielle Welt der Sinne mit der spirituellen Sphäre der Psyche. Wenn der Schamane dem hypnotischen Rhythmus der Geistertrommel lauscht, befördert er seine Seele per Astralprojektion auf den Weltenbaum (den Yggdrasil der altnordischen Mythologie), der die Leiter zum Königreich der Geister symbolisiert.

Sobald der Schamane alle Prüfungen, die der Meister ihm auferlegte, bestanden und sein psychisches und physisches Training absolviert hatte, wurde eine spezielle Zeremonie abgehalten, während der der neue Schamane als vollausgebildeter Magier formell aufgenommen wurde. Schliesslich wurde er, in Zeremonialgewänder gekleidet, auf eine Bergkuppe geführt. Dort reichte man ihm eine magische Rassel und forderte ihn auf, einen Treueschwur abzulegen und auf alle weltlichen Dinge zu verzichten. Den Abschluss der Initiation bildete die zeremonielle Übergabe seiner Schutzgeister, die ihn bis ans Lebensende begleiteten. Eine ähnliche Überlieferung findet sich in historischen Berichten über das traditionelle Hexenwesen im ländlichen England.

Wie viele heidnische Rituale schliessen die schamanistischen Einführungsriten einen symbolischen Akt von Tod und Wiedergeburt ein. In den Zeremonien bestimmter Eskimo-Schamanen hält sich der Novize viele Stunden lang in einem Iglu auf und meditiert. Nach Ablauf einer gewissen Frist verliert er das Bewusstsein und verharrt drei Tage lang im Koma. Während dieses selbstauferlegten Trancezustands durchlebt er intensive Visionen, wie etwa Begegnungen mit Wesen aus der Schattenwelt oder wie er bei lebendigem Leib von einem gigantischen Eisbären gefressen wird. Schliesslich erlangt der Schamane das Bewusstsein zurück und wird, in der Terminologie der psycho-magischen Erfahrungswelt, als eine neue Person wiedergeboren. Er wurde im Verlauf des Trancezustands von den Verwirrungen der Vergangenheit und von Charakterschwächen gereinigt und tritt nun aus dem eisigen Leib des Iglus als erleuchtetes Wesen hervor.

In den Stammesgemeinschaften des nördlichen Sibiriens, Finnlands und Lapplands verband sich im Schamanen die Rolle des Medizinmanns, des Priesters und des Propheten in einer Person. Auch war er das Medium, mit dessen Hilfe der Stamm Kontakt mit den Geistern der Verstorbenen herstellte und die Zukunft voraussagte. Es ist wahrscheinlich, dass er zu diesem Zweck Runen verwendete, vielleicht auch die Geistertrommel, deren hypnotischer Rhythmus ihn in Trance versetzte, während der Prophezeiungen ausgestossen und so mancher Rat erteilt wurde. Manchmal sprach der Schamane in sonderbaren Sprachen oder unbekannten Dialekten. Häufig nahmen Geister von ihm Besitz, die gelegentlich versuchten, ihm und den um ihn Versammelten Schaden zuzufügen.

Die Regalien der Runenmeister

Schamanen waren die spirituellen Nachfahren der Hexenmeister und Priester-Magier des Stein- und des Bronzezeitalters. Die sterblichen Überreste einiger Ausübender der okkulten Künste wurden fast vollständig erhalten in den Torfmooren Dänemarks entdeckt. Einer dieser Grabfunde wurde Ende des neunzehnten Jahrhunderts in Lyngby, in der Nähe von Kopenhagen, gemacht. Die Archäologen fanden einen Eichensarg, der das Skelett eines Mannes enthielt, der offensichtlich Schamane gewesen war.

In dem Sarg befand sich ein Lederbeutel mit Bernsteinstücken (welche in neolithischer Zeit magische Bedeutung hatten, die teilweise auch heute noch in der Folklore überlebt), eine Schneckenmuschel (ein Fruchtbarkeitssymbol; offensichtlich wegen ihrer auffälligen Ähnlichkeit mit dem weiblichen Sexualorgan), eine Falkenkralle (möglicherweise ein Jagdamulett oder ein magischer Talisman, der die Fähigkeit zu fliegen verlieh), das Skelett einer Schlange (der Überlieferung nach ein Symbol des Heilens), ein Eichhörnchenschwanz und die getrockneten Innereien eines kleinen Nagetiers.

Die Archäologen, die diesen Fund untersuchten, waren überzeugt, dass sie auf die Begräbnisstätte eines Priester-Magiers gestossen waren. Die Bestätigung kam, als sie in jenem Sarg die in Tierhaut gewickelte Astgabel eines Haselnussstrauchs fanden. Diese identifizierten sie als einen Zauberstab, den Schamanen vor langer Zeit als Zeichen ihrer Würde und ihrer Macht bei sich trugen.

Aufgrund ihrer charakteristischen Regalien, die ihr besonderes Gewerbe kennzeichneten, liessen sich die Schamanen und Runenmeister Nordeuropas leicht von gewöhnlichen Sterblichen unterscheiden. Sie trugen rituelle Kopfbedeckungen aus dem Fell kleinerer Waldtiere, etwa von Dachs oder Fuchs, einen blaugefärbten wollenen Mantel – blau war eine der geheiligten Farben des altnordischen Gottes Odin – und führten einen mit getrockneten Kräutern und Talismanen gefüllten Lederbeutel mit sich. Als ein weiteres Zeichen ihres Standes hatten die Runenmeister einen speziellen Stab aus Eschen- oder Haselnussholz, in den Runenzeichen geschnitzt waren.

Aussergewöhnliche Kleidungsstücke, die von hochrangigen Adepten getragen wurden, kannte man bereits in den Annalen europäischen Hexenwesens, das eine verfälschte Form der alten animistischen Religion darstellte, die dem Schamanentum voranging. Ein aus dem siebzehnten Jahrhundert stammendes Portrait eines Hexenmeisters, welches von Dr. Margaret Murray, einer Kapazität auf dem Gebiet des europäischen Hexenwesens, beschrieben wird, vermittelt einen lebendigen Eindruck des Erscheinungsbildes dieser aussergewöhnlichen Menschen. Das Portrait zeigt einen mondgesichtigen Mann mit einer feengrünen Schellenkappe auf dem Kopf und einem rostfarbenen Wams bekleidet. In den Händen hält er eine getigerte Katze, die offensichtlich seine treue Begleiterin ist.

Reginald Scot, Autor des 1584 erschienenen Buches *The Discoverie of Witchcraft*, erwähnt eine Art Uniform, die von prominenten Hexen getragen wurde. Diese Art magischer Gewänder scheinen bis auf den heutigen Tag fortzubestehen. Ein 1946 verfasster Bericht spricht von einem Zeremonialgewand englischer Hexen, das von Generation zu Generation weitergereicht wurde. Es bestand aus drei Hermelin-, Wiesel- oder Iltisfellen, das um den Hals getragen zwischen den Brüsten herabhing, vergleichbar einem rituellen Kragen. Hexen in der Grafschaft Suffolk trugen diese Art Schmuckwerk offenbar bis in die Nachkriegsjahre hinein.

In der *Saga of Erik the Red* liefert uns ein anonymer Autor des ausgehenden dreizehnten Jahrhunderts eine interessante Beschreibung einer Runenmeisterin.

> Sie trug einen Mantel, dessen Saum mit Steinen besetzt war. Um den Hals lag ein weisses Katzenfell, das auch den Kopf bedeckte. In einer Hand trug sie einen Stab mit einem Knauf am oberen Ende. Am Gürtel, der ihr Kleid zusammenhielt, hing ein Talismantäschchen. Schuhe und Handschuhe waren ebenfalls aus Katzenfell.

Eine isländische Seherin und Runendeuterin beschreibt ihre magischen Fähigkeiten in folgendem Volkslied:

> Hedi nennt man mich, wenn ich ihre Häuser besuche.
> Eine weitblickende Hexe, die sich in Talismanen auskennt,
> Die Bannsprüche ausstösst, die in Magie bewandert,
> Stets willkommen bei verruchten Frauen.
>
> Armreifen und Halsbänder gab Odin mir,
> Um Wissen zu erlangen, meine Magie zu erlernen,
> Stets weiter und weiter blickte ich, durch alle Welten hindurch.
>
> Weit draussen sass ich, als Ihr kamt,
> Schrecken der Götter, und in meine Augen blicktet,
> Was fragt Ihr mich?
> Warum versucht Ihr mich?

Odin! Oh, Euch zu kennen; ich weiss, wohin Euer
verloren Auge ging,
Tief versteckt in Mimirs Brunnen,
Mimir, der jedes Mannes Met gekostet,
Nun, würdet mehr Ihr wissen ...

Der Hinweis auf die Armreifen und Halsbänder, die die Hexe von Odin erhielt, bezieht sich wahrscheinlich auf die magischen Halsbänder und Anhänger, die sie von den anderen Stammesmitgliedern abhob. In der ersten Zeile des dritten Verses bezieht sie sich auf Astralreisen, eine okkulte Technik, mit der der Geist sich auf Wunsch auf eine Reise aus dem Körper heraus begibt. Die Schamanen des Nordens wussten Astralreisen anzutreten, und das Wissen darum wurde auf spätere Runenmeister und -meisterinnen weitervererbt.

Fertigkeit im Umgang mit Runen

Unsachgemässe Anwendung eines Runenzeichens konnte für den Magier tödliche Gefahren in sich bergen. Die alten Runenmeister glaubten, dass jede Rune einem Elementargeist, einer Naturkraft zugeordnet war, die mit Bedacht angerufen werden musste. Waren diese erst einmal in körperlicher Gestalt heraufbeschworen, musste man äusserst vorsichtig mit ihnen umgehen. Entglitt dem Magier die Kontrolle über eine solche Entität, würde diese mit aller Gewalt über eine ahnungslose Welt hereinbrechen und grosses Unheil anrichten. Einige der von den Schamanen beschworenen Geister wurden von ihnen für Sukkubi und Inkubi gehalten, lüsterne Erdgeister, die in Gestalt schöner Frauen und hübscher Knaben die Menschen sexuell entzückten. Ihre Fleischeslust war unersättlich, und jegliche Person, die von ihnen heimgesucht wurde, konnte sich im wörtlichen Sinn zu Tode huren.

Darüber hinaus bestand die Gefahr, dass jemand, der keine vollständige okkulte Ausbildung erhalten hatte und sich mit der Runenkunde nur oberflächlich beschäftigte, sich selbst und andere in Gefahr bringen konnte. Wenn beispielsweise anstelle einer heilenden eine verwünschende Rune gewählt wurde, so konnte das für den Patienten wie für den Möchtegern-Runenmeister, der mit der Rache der Verwandten seines Opfers zu rechnen hatte, schwerwiegende Folgen haben.

Ein berühmter Runenmeister namens Egill wurde einst zu einer Frau gerufen, die mit einem schweren Fieber im Sterben lag. Ein anderer Runenmeister, ein Rivale Egills, war bereits gerufen worden, um der Kranken zu helfen, aber trotz seiner Hilfe schwebte sie weiterhin in Lebensgefahr. Egill stiess sofort auf die Wurzel des Übels. Sein Rivale hatte in ein Stück Walknochen, das über dem Bett der Patientin an der Wand hing, die falschen Runen eingeritzt. Wütend stellte er den Quacksalber bloss, der sich rühmte, die Runenmagie zu beherrschen, in Wirklichkeit aber keine Ahnung hatte, sie korrekt anzuwenden.

Der Runen soll niemand sich bedienen,
Der sie nicht richtig deuten kann,
Da sonst manch böses Geschick
Eintreten wird, kurz über lang;
Sah ich doch auf glattem Walfischbein
Zehn düstre Striche geritzt –
Du hast mehr Unglück lassen rein,
Über Krankheit, die schon lang gewährt.

Der erfahrene Runenmeister entfernte als erstes die falschen Runen von dem Knochenstück und ersetzte sie durch seinen eigenen heilenden Runentalisman, den er unter das Kopfkissen der kranken Frau schob. Innerhalb weniger Minuten hatte sie ihre vollständige Gesundheit wiedererlangt.

Egill kannte sich in den Geheimnissen der Runenmagie nur allzugut aus. Einmal entging er mit Hilfe der Runen um Haaresbreite dem sicheren Tod, den ein von einem anderen Rivalen ausgesandter Meuchelmörder über ihn bringen sollte. Er schnitt Runen in den Rand eines Trinkgefässes, von dem er annahm, dass sein Feind es mit Gift hatte benetzen lassen. Die Runen färbte er mit seinem eigenen Blut. Im selben Augenblick zersprang das Horngefäss in tausend Stücke, und der vergiftete Trank spritzte auf den Boden. Wäre er nicht vergiftet gewesen, hätten die Runen das Gefäss nicht zum Bersten gebracht.

Die verschiedene Anwendung der Runen

Wie, glaubten die alten Runenmeister, funktionierten Runen? Da es keine schriftlichen Berichte über Runenmagie gibt (wie meistens bei authentischem okkultem Wissen wurden auch die Geheimnisse des Runenalphabets mündlich überliefert), ist es äusserst schwierig, festzustellen, warum die altnordischen und angelsächsischen Völker derart fest an die Kraft dieser sonderbaren mystischen Lettern glaubten. Gewiss betrachteten sie die Runen als ein spezielles Alphabet, welches einzig und allein für magische Zwecke, zum Heilen, zum Verwünschen und für Vertragstexte verwendet wurde, für Verträge zwischen Stämmen oder Einzelpersonen, die niemals gebrochen werden konnten.

An anderer Stelle erwähnten wir die mit den Runen verknüpften Naturgeister, die man als wesentliche Quelle ihrer mysteriösen Kraft betrachtete. In manchen Fällen sind diese identisch mit den Göttern und Göttinnen der altnordischen Religion. Als die Runenkunst durch den verderblichen Einfluss der christlichen Kirche und ihrer schwarzberockten Priester in den Hintergrund gedrängt wurde, degenerierten die einst mächtigen Götter des Nordens zu weniger bedeutsamen Geistern, Feen oder Dämonen. Ein altes, in der Tat sehr wahres Sprichwort besagt, dass die Götter der alten Religion die Teufel der neuen wurden, und die Herabwürdigung der heidnischen Gottheiten durch das Christentum ist ein vorzügliches Beispiel, um dies zu illustrieren.

Nordische Gottheiten

Die Götter des nordischen Pantheons waren eine überlebensgrosse, lustvolle Schar, die ihre ganze Zeit, wie es scheint, mit kämpfen, raufen, essen und trinken oder mit orgiastischen Gelagen zubrachten. Allein deshalb waren sie vollkommene Abbilder jener Menschen, die sie anbeteten. Natürlich glaubte die Bevölkerung der Steinzeit ursprünglich nur an die durch einen Gott oder eine Göttin – den Herrn oder die Dame – verkörperte Lebenskraft. Als die religiösen Auffassungen der Menschen sich mehr und mehr verfeinerten, wurde aus dem göttlichen Paar ein ganzer Götterhimmel von Göttern und Göttinnen, der einen unterschiedlichen Aspekt des einen Schöpfungsprinzips, welches das Universum ins Leben rief, versinnbildlichte.

Thor

Die skandinavische Mythologie kannte, wie so viele andere heidnische Religionen, zahlreiche Götter, und jedem einzelnen waren charakteristische Merkmale zu eigen, die mit den esoterischen Bedeutungen der Runen verknüpft waren. Zum Beispiel Thor, der ein typischer indo-europäischer Donner- oder Himmelsgott war. Seine magische Waffe war ein gigantischer Hammer oder Donnerkeil, mit dem er seine Feinde zerschlug oder die Eisriesen, die die Nordländer heimsuchten, zur Strecke brachte. Im Rahmen der Runenmagie wurde er als Rachegott angerufen und war jenen Runenmeistern geläufig, die sich auf Verwünschungen spezialisiert hatten. In Irland bezeichnete man die Wikinger wegen ihrer Unerschrockenheit auf dem Schlachtfeld und ihrer blutrünstigen Kampfgewohnheiten auch als die «Leute des Thor».

Frigg

Frigg war eine Fruchtbarkeitsgöttin und möglicherweise eine nordische Variante der Erdmutter. In der englischen Umgangssprache wurde ihr Name zur Bezeichnung weiblicher sexueller Aktivität entlehnt, was auf die im Frühling gehaltene rituelle Hochzeit hinzudeuten scheint, mit der man eine gute Ernte fördern will. Einige Experten nordischer Religionen bringen sie mit einer späteren Version der Fruchtbarkeitsgöttin des Bronzezeitalters, Nerthus, in Verbindung. Diese Gottheit wurde zu bestimmten festlichen Anlässen durch eine nackte Priesterin mit langem wehenden Haar verkörpert, die einen Torques (einen Halsring aus Gold, Bronze oder Eisen) sowie Arm- und Beinreifen trug und in einem heiligen Wagen fuhr.

Freyja

Eine weitere wichtige Göttin im altnordischen Pantheon war Freyja, die mit einer als *volva* bekannten Elite-Schwesterschaft von Priesterinnen in Zusammenhang steht, die für ihre Prophezeiungen bekannt war. Diese Frauen waren offenbar weibliche Schamanen und wurden von ihren jeweiligen Stämmen um Rat gefragt, wenn es darum ging zu erfahren, ob es eine gute Ernte oder ob das Land von einer Krankheit heimgesucht werden würde. Angeblich besassen sie die von Freyja verliehene Macht, Vogelgestalt anzunehmen und über Land zu reisen, wobei dies sich wie eine entstellte Beschreibung von Astralreisen anhört. Die *volva* hatte Hausgeister, nämlich Katzen, und es wird überliefert, dass Freyja die Gewohnheit pflegte, in einem von schwarzen Katzen gezogenen Wagen durch die Lüfte zu fahren.

Baldur

Von den männlichen Gottheiten war Baldur der jüngste und schönste. Er war der Gott des Sommers und der Sonne, und man sagt, sein Gesicht hätte gestrahlt wie Gold, sein Haar hätte feinen Goldfäden geglichen und seine Augen hätten tiefblau geleuchtet. Frigg, die Göttin der fruchtbaren Erde, war seine Mutter und der mächtige Odin sein Vater, der Sprachrunen in Baldurs Zunge geritzt hatte, so dass er der sprachgewandteste aller nordischen Gottheiten war.

Unglücklicherweise störte sich der Feuergott Loki an Baldurs Beliebtheit und an seinem guten Aussehen, so dass er den Untergang des schönen jungen Gottes beschloss. Baldur wurde krank, und es schien, als könne ihn nichts vor seinem schleichenden Tod bewahren. Sein Vater stimmte über seinem wie leblosen Körper Runengesänge an, aber das Bewusstsein des jungen Gottes sank allmählich auf die niedrigste Stufe, und er klagte über quälende Träume, die seinen Geist umwölkten. Frigg nahm allen Lebewesen, die ihr als Erdmutter unterstanden, einen Schwur ab, dass sie Baldur kein Leid zufügten. Selbst Pflanzen, Steine und Metalle liess sie diesen Schwur ablegen. Die einzige Pflanze, die sich dem Schwur nicht anschloss, war die Mistel. Und Frigg fragte diese Pflanze deshalb nicht, weil sie über keine eigene Kraft verfügte, sondern an den Ästen der Eiche Schutz und Nahrung suchte.

Um zu beweisen, dass Baldur unter magischem Schutz stand und kein Leid ihn erreichen konnte, schleuderten die Götter Speere auf ihn und schlugen mit Schwertern auf ihn ein. Erfreut stellten sie fest, dass keine dieser Waffen ihm etwas anhaben konnten. Loki fand jedoch heraus, dass die Mistel keinen Eid abgelegt hatte, dem jungen Gott des Sommers keinen Schaden zuzufügen. Er begab sich mit einem Zweig der verhängnisvollen Pflanze zu einem Elfenschmied und zwang ihn, dem Mistelzweig die Form eines magischen

Pfeils zu geben. Dann brachte der böse Gott den Pfeil zum blinden Hodur und sprach zu ihm: «Warum schliesst du dich dem fröhlichen Treiben nicht an? Komm, ich werde diesen Pfeil an deinen Bogen legen und ihn auf deinen Bruder richten.»

Ohne zu ahnen, was der verderbliche Loki vorhatte, legte der blinde Gott auf Baldur an und liess den tödlichen Mistelpfeil von der Sehne schnellen und traf den jungen Gott mitten ins Herz. Schliesslich gestand Loki seine Tat und wurde von den Göttern verdammt und an einen Felsen gekettet. Eine gefährliche Schlange spie ihm fortan ihr Gift ins Gesicht und verbrannte ihn in schrecklicher Pein. Dies war die in alle Ewigkeit dauernde Bestrafung für den Mord am Sonnengott.

Die Mächte des Lichts und der Finsternis

Diejenigen Leser, die sich eingehend mit heidnischen Mythen beschäftigt haben, werden in diesem Feenmärchen den immerwährenden Konflikt zwischen den Mächten des Lichts und der Finsternis erkennen. In diesem Fall ist es der junge Gott der Sommersonne, der von der Gottheit, die die finstere Winterzeit verkörpert, umgebracht wird. Symbolisch stirbt die Sonne zur Wintersonnenwende, wenn sie den tiefsten Stand erreicht und ihre Kraft auf den niedrigsten Punkt gesunken ist. Langsam steigt sie dann wieder höher und wird an ihrem höchsten Stand, zur Sommersonnenwende, neu geboren. Die alten Völker feierten diese Naturereignisse mit Ritualen, bei denen Tod und Wiedergeburt von Priestern und Priesterinnen dargestellt wurden, indem diese in einem kosmologischen Schauspiel der wechselnden Jahreszeiten die Rolle der Götter einnahmen.

Baldur war die altnordische Version des sterbenden Gottes, dessen Tod die Erde neu belebte und fruchtbar machte. Andere Versionen lassen sich in den Mythen anderer heidnischer Länder finden. In Griechenland gab es den Gott Adonis, der von einem wilden Eber rituell getötet wurde und in die Unterwelt hinüberging. Nachdem die Jahreszeit seines Todes (der Winter) vorüber war, wurde er wiedergeboren, und die wildwachsenden Blumen begannen, erneut zu blühen. In der altägyptischen Mythologie gibt es die Geschichte von Osiris, der von seinem Zwillingsbruder Set in einer symbolischen Schlacht zwischen den Mächten des Guten und des Bösen erschlagen wird.

Sir James Frazer hat dieses heidnische Motiv in seinem klassischen anthropologischen Werk, *The Sacred Bough*, ausführlich beschrieben. Er berichtet von dem heiligen Hain der Göttin Diana in Nemi, welcher von einem Priester bewacht wurde, der den Titel Rex Nemorensis oder König der Wälder trug. Im Hain der Göttin stand ein mächtiger Baum, von dem kein Zweig gebrochen werden durfte. Allein einem entlaufenen Sklaven war es gestattet, heilige Zweige von diesem Baum zu brechen. Wenn ihm dies gelang, konnte er den Priesterwächter zum Zweikampf fordern. Gelang es ihm dann, den alten Priester zu töten, so nahm der Sklave automatisch seinen Platz als Hierophant der Mysterien Dianas ein.

An anderer Stelle haben wir Menschen- und Tieropfer kennengelernt, die den Kult um Odin umrahmten. Dieses Thema beherrscht auch das Leben seines Sohnes Baldur, und in vielen Fällen scheint es, als seien die beiden Götter identisch, als verkörperten sie bloss alte und junge Aspekte der einen Gottheit, die ein gemeinsames Schicksal, ein gemeinsames Blutlassen miteinander verbindet. Dr. William Chaneys Theorien über die Abstammung der angelsächsischen Könige von Odin und die geheimnisumhüllte Art ihres Todes, die an Ritualmorde erinnerte (ein Gedankengang, den die verstorbene Dr. Margaret Murray vom University College London mit äusserster Gründlichkeit verfolgte), lassen, zusammen mit der alten Legende um gottähnliche Priesterkönige wie Rex Nemorensis, gewiss an eine sehr alte religiöse und magische Tradition denken, deren Wurzeln im Dunkel frühester Vorzeitgeschichte liegen.

Die Nornen

Zwar war es Odin, der der Überlieferung zufolge das geheime Wissen um die Runenmagie erhielt, während er von seinem eigenen Speer durchbohrt am Weltenbaum hing, doch stellten die nordischen Völker häufig einen Zusammenhang zwischen dem magischen Alphabet und den Schicksalsmächten her. Im Altskandinavischen sprach man von *wyrd* und bezeichnete damit das Gebiet, den Bereich der als Nornen bekannten Göttinnen – drei Schwestern, die auf ihren Webstühlen das Schicksal der Menschen webten.

Nach der Bekehrung der Heiden durch die Christen lebten die Nornen oder Schicksalsgöttinnen als volkstümliche Märchengestalten fort, wie etwa die hässlichen Schwestern in der Pantomime *Cinderella* oder als die böse Hexe mit dem vergifteten Spinnrad in *Dornröschen*. Die melodramatischste Darstellung der drei nordischen Göttinnen findet sich wohl in der Eingangsszene zu Shakespeares Schauspiel *Macbeth*, wenn in sturmumbrauster Heidelandschaft die drei «Schicksalsschwestern» auftreten, die in der Tradition der heidnischen Seherinnen die Zukunft voraussagen.

In der Mythologie der nordischen Völker kannte man die Nornen unter den Namen Urd, Verdanki und Skuld. Sie personifizierten Vergangenheit, Gegenwart und Zukunft und wurden von den Runenmeistern gerufen, bevor sie sich, indem sie Runenzeichen warfen, anschickten, die Zukunft vorauszusagen. Die Nornen waren ausserdem die Hüterinnen des Yggdrasil oder Weltenbaums. Allmorgendlich gossen sie ein Trankopfer über seine Wurzeln, um das Grün seiner Blätter zu erhalten. Dieses Trankopfer bildete den

Tau, der von den Blättern tropfte und den die Bienen einsammelten und zur Honigproduktion verwendeten. Die Nornen hielten Feen in ihren Diensten, die den Menschen im Traum erschienen und guten Rat erteilten. Darüber hinaus hatten sie die Pflicht, willige Mütter zu finden, in deren ungeborenen Kindern sie sich inkarnieren konnten.

Es scheint, dass die Personifizierung der Nornen auf vielfache Weise dem dreifachen Aspekt der Grossen Göttin ähnelt, dem man in fast allen heidnischen Religionen begegnet – dem jungen Mädchen, der Mutter und dem alten Weib. Urd wurde als sehr alte Frau geschildert, die über die Schulter zurückblickte, wie alte Leute das häufig tun. Verdanki war ein junges Mädchen, stets geradeaus in die Gegenwart blickend. Skuld schliesslich trug einen Schleier und hatte eine ungeöffnete Schriftrolle im Schoss liegen, in der die Geheimnisse der Zukunft enthalten waren. Ihre Beschreibung erinnert an die Hohepriesterin im Tarotspiel, welches häufig für die Wahrsagerei verwendet wird. In den okkulten Lehren des Tarot – die nichts mit dem Gebrauch der Karten zur Voraussage kommender Ereignisse zu tun haben – symbolisiert die Karte der Hohepriesterin Inspiration, Erinnerungsvermögen und göttliche Prophezeiung. Sie ist das Medium, durch das die Götter oder Urkräfte zur materiellen Welt sprechen.

Die magische Anwendung der Runen

Auch wenn wir die Runen heutzutage im wesentlichen als eine Methode der Wahrsagerei betrachten, gab es in der Vergangenheit doch die verschiedensten Formen magischer Anwendung. Es gab Geburtsrunen, Gesundheitsrunen, Todesrunen, Schlachtrunen, Fruchtbarkeitsrunen, Wetterrunen, Liebesrunen und Runen für Verwünschungen. Vieles vom alten Runenwissen ist mit der Zeit verlorengegangen, doch gewähren archäologische Funde einen Einblick in die verschiedenen Anwendungsmöglichkeiten der Runen in der Magie wie auch im täglichen Leben.

Runen wurden häufig verwendet, um Grabräuber von den Begräbnisstätten wichtiger Stammespersönlichkeiten, wie Häuptlinge und Hohepriester, abzuwehren. Eine Vereinbarung besagt, dass diese Schutzrunen «nicht bei Tage und nicht mit Eisen» geschnitzt wurden. Dies mag uns als ein eigenwilliger Aberglauben vorkommen, aber, wie vieles andere auch, hat das mit magischem gesunden Menschenverstand zu tun (auch wenn das, was diesen Begriff angeht, manchem widersprüchlich erscheinen mag). Es ist leicht zu begreifen, dass die Stunden der Dunkelheit natürlich die Zeit für geisterbeschwörende Riten war und Eisen das Metall, das die Geister der Verstorbenen oder Feenwesen vertreiben konnte. Deshalb war der Gebrauch dieses Metalls in der näheren Umgebung von Begräbnisstätten untersagt.

Dieser Glaube geht auf jene Zeiten zurück, als die Menschen, welche Eisen verwendeten, die Stämme unterwarfen, die sich immer noch des Gebrauchs von Waffen und Geräten aus Bronze rühmten. Die Bronzezeitmenschen – kleinwüchsige, dunkelhäutige und stark behaarte Leute – wurden von den Eroberern für Feenwesen gehalten, und die Abergläubigen unter ihnen meinten, sie fürchteten sich vor dem magischen Metall Eisen. (Der Grund bestand möglicherweise darin, dass sich die verhältnismässig weichen Bronzeklingen mit Eisenschwertern mühelos durchschlagen liessen.) Daraus erwuchs schliesslich die Tradition, dass Feen oder Dämonen mit Eisen vernichtet werden konnten, ein Metall, das sie nicht zu berühren wagten.

Kriegsrunen

Bleiben wir noch einen Augenblick bei Kriegswaffen. Runen wurden häufig in Schwertklingen geritzt. Auf der Insel Wight wurde einst ein Schwert ausgegraben, auf dessen

Klinge in Runenschrift geschrieben stand: «Wehe den Waffen der Feinde». Auch ein reichlich blutrünstiger Name des Schwertes fand sich in Runen eingeritzt – «Steigerung der Schmerzen», was eindeutig auf seine Verwendung in der Schlacht hinweist, nämlich den Feind zu töten oder ihm Wunden zuzufügen. Ein weiteres Beispiel für Schwertrunen findet sich auf einer zerborstenen Klinge, die aus der Themse gefischt wurde. Auf dem über zwei Fuss langen Stück sind achtundzwanzig Lettern des Runenalphabets geritzt sowie der Name seines Besitzers.

In der Nähe von Tonsberg (einem alten Walfängerort am Oslofjord) wurde eine Schwertscheide mit der Inschrift «Diener des Gottes» ausgegraben. Der Gott wird nicht namentlich genannt, doch handelt es sich mit einiger Wahrscheinlichkeit um den Kriegsgott Tiw. Daneben fand man eine Spange mit dem Wahlspruch «Ich widme dem Gott», was darauf schliessen lässt, dass die Waffe entweder ein geheiligtes Schwert war oder einem Berserker gehörte, der die Seelen seiner Opfer dem Gott widmete. Auf einem anderen Schwert fand man den Namen eines Kriegers sowie die Worte «Ich bringe Glück». Ob die Runen denjenigen, die unter den Schlägen dieses Schwertes ihr Leben liessen, Glück brachten, sei dahingestellt.

Fluchtrunen

Wenn man nach einer Schlacht in Gefangenschaft geriet, konnte man versuchen, sich mit Hilfe von Fluchtrunen aus den Händen seiner Feinde zu befreien. Der christliche Chronist Bede berichtet im Jahre 679 von einem jungen northumbrischen Krieger, der zunächst aus der Gefangenschaft fliehen konnte, aber schon bald wieder gefangengenommen wurde. Als erstes fragte man ihn, ob er die Runen, die seine Fesseln gelöst und seine Flucht ermöglicht hatten, kenne. Dass dies eine gebräuchliche Form der Runenmagie war, wird bereits durch die Worte des alten Odin belegt, wenn er sagt: «Diese vierte [Runen-]Kunstfertigkeit kenne ich. Wenn mir jemand Fesseln anlegt, so werde ich eine Zauberformel anstimmen, die mir helfen wird, zu fliehen.»

In einer altenglischen Zauberformel, die ebenfalls auf den kapuzentragenden Gott zurückgeht, wird der Runenbenutzer angewiesen: «Wenn du deinen König oder jemand anderen aufsuchen willst, dann trage diese Runenstäbe bei dir. Jedermann wird gütig und dir wohlgesonnen sein.»

Runen in altnordischen Sagen

Runen besassen eine schier unüberschaubare Vielzahl magischer Kräfte, wie es scheint. Die folgenden Auszüge aus der Welsungen-Sage mögen dies illustrieren.

Wenn du Grösse erlangen willst,
Bediene dich jetzt der Kriegsrunen,
Schneide sie in den Griff deines eisernen Schwerts,
Ein paar auf die stumpfe Seite der Klinge,
Ein paar auf die scharfe Seite,
Schneide zweimal den Namen Tiw hinein.

Hilfreiche Seefahrtsrunen,
Wenn es ein Schiff zu retten gilt,
Für des schwimmenden Rosses Wohlergehn;
Schneide sie ins Heck,
Schneide sie ins Steuerruder,
Und male Flammen auf die glatten Ruderblätter,
Wie hoch des Meeres Kämme,
Wie tief das Blau darunter,
Rufe Zeichen vom Hauptmast herab
Und du wirst sicher kehren heim.

Wortrunen solltest gut du lernen,
Wenn du willst, dass kein Mensch je
Kummer dir mit Kummer vergelte,
Zieh sie auf Schnüre, werfe sie,
Dort wo du stehst,
Auf dem Thing, wo Menschen drängen sich zuhauf,
Bis das Verhängnis von dannen eilt.

Kenne das Wissen um Bierrunen,
Wenn du willst, dass das Weib eines andern
Nicht dein trauend Herz soll brechen;
Schneide sie ins Methorn,
Male sie auf beider Hände Rücken
Und kerbe in die Nägel sie.

Hilfsrunen sollst du sammeln,
Wenn Fertigkeiten du nicht erlangst,
Der kranken Mutter Gallenfluss zu lösen;
In hohle Hände sollen sie geschnitten sein,
Die Finger fest um sie geschlossen,
Rufe die guten Geister um Hilfe an.

Lerne der Zweigrunen Wissen,
Wenn du die Heilkunde schätzt
Und über Wundbehandlung etwas wissen willst,
An Ufern soll man sie suchen,
An knospentreibenden Bäumen,
Und nur an Zweigen, die nach Osten weisen.

Mit Gedankenrunen sollst du dich beschäftigen,
Wenn du zu all den Menschen willst gehören,
Mit lauterem Sinn, gerecht und weise
Denen vertraut, die zuerst geschnitten,
Die zuerst dein Herz berührt.

Auf den Schild wurden sie geschnitzt,
Der vor dem leuchtenden Gott steht,
Auf das Ruder der ersten Fahrt,
Auf den Huf des Leittieres,
Auf das Rad, das unter
Reguirs Wagen rollt,
Auf Sleipnirs Zähne,
Auf die Schlittenspuren,
Auf des struppigen Bärs Tatzen,
Auf Bragis Zunge,
Auf des Wolfes Klaue,
Auf des Adlers Schnabel,
Auf blutige Schwingen,
Auf Brückenfundament',
Auf des Verlierers Hand
Und des Mitleids Pfad.

Auf Glas, auf Gold
Und glänzend Silber,
In Wein und Würze
Und den Sitz der Hexenfrau,
Auf Gungirs Schwert
Und Granis Busen,
Auf der Norne Schnecke
Und der Nachteule Schnabel.

All die so geschnitten
Wurden geglättet und geglänzt
Und bestrichen mit altem Honigwein
Und auf Wege geschickt,
die weit genug;
Manche bleiben bei den Elfen,
Manche beim Aesir
Oder mit dem weisen Vanir

Oder andere bei den
Söhnen des Menschengeschlechts.

Diese mögen die Bücherrunen sein
Und der günstigen Hilfe Runen,
Und all die Bilderrunen
Und die Runen grosser Macht.
Wenn sie mögen dienlich sein
Bei klarem Geist, unverwüstet.
Es ist nützlich, sie zu hören,
Sie sind dein, sie bleiben dein,
Wenn du gehört, was sie zu sagen,
Bis die Götter beschliessen deine Tage.

Dieses Gedicht illustriert die vielfältigen magischen Anwendungsmöglichkeiten der Runen; unglücklicherweise sind die meisten im Laufe der Zeit verlorengegangen und werden allmählich erst wiederentdeckt. Im folgenden, Odin zugeschriebenen epischen Gedicht, das seinen Schülern, den Runenmeistern, Anleitung geben sollte, werden weitere Möglichkeiten aufgezählt.

Lerne, ihre Form zu schneiden,
Lerne, sie zu deuten,
Lerne, sie zu bemalen,
Lerne, sie zu beschwören,
Lerne, sie auszusenden –
Die Runen!

Besser, sie nicht zu oft zu bemühen,
Da eine Gabe nach Gegengabe verlangt,
Besser niemanden erschlagen,
Als zu viele.

Die erste Formel, die ich kenne,
Ist allen Menschenwesen nicht geläufig,
«Hilf» lautet sie,
Denn Hilfe gewährt sie
In Stunden der Angst
Und des Kummers.

Eine zweite kenn ich –
Die jene müssen lernen,
Die Ärzte wollen sein.

Eine dritte kenn ich –
Wenn in der Schlacht bedrängt,
Stumpft sie die Schwerter
Der Feinde, damit es,
Keine Wunden gibt.

Eine vierte kenn ich –
Die rasch mich befreit,
Wenn der Feinde Fesseln mich binden,
Und Gesänge kenn ich,
Die Ketten brechen,
Aus Knechtschaft befrein.

Eine fünfte kenn ich –
Kein Rabe jagt,
Kein Speer tötet,
Kein Steinwurf schmerzt.

Eine sechste kenn ich –
Wenn Runen geschnitten,
Mir Schaden anzutun,
Wird der Zauberspruch gewendet –
Der Jäger wird bedrängt, nicht ich.

Ich kenne eine siebte Rune,
Wenn eine Halle rundherum brennt,
Werden meine Gefährten,
Schlagen noch so hoch die Flammen,
Nichts von der Hitze spüren.

Ich kenn eine achte –
Wenn Hass glüht
In eines Kriegers Herz,
Wird mein Spruch ihn ruhig stimmen.

Ich kenn eine neunte –
Wenn angesagt,
Mein Schiff zu schützen im Wintersturm,
Den Wind sie zögern lässt,
Die See zur Ruhe sie bettet.

Ich kenn eine zehnte Rune –
Wenn ich Geisterwerk abwehr;
Sie ziehen weit von dannen
Und finden weder Form noch Herd.

Ich kenn eine elfte –
Wenn ich eine Schlacht anführ
Und in den Krieg ziehe unverwundt,
So werd auch heimkehrn ich gesund.

Ich kenne eine zwölfte –
Wenn hoch im Baum ich seh
Einen Leichnam baumeln von starkem Strick,
Schneid und male ich mir Runen,
Auf dass der Mann gehen kann
Und wieder spricht mit mir.

Ich kenn eine dreizehnte –
Wenn ich Runen werfe,
Wird kein Krieger fallen in der Schlacht
Oder Leid erfahren durch das Schwert.

Ich kenn eine vierzehnte –
Die wenige nur kennen,
Wenn ich einer Truppe
Kriegern von den Alten erzähle, von
Göttern und Elfen,
Kann ich alle sie beim Namen nennen.

Ich kenn eine fünfzehnte –
Den Göttern gesungen
Verleiht sie Männern Kraft,
Heldenmut den Elfen,
Blick in die Zukunft allen
Als Odins Geschenk.

Ich kenn eine sechzehnte –
Welche die Herzen
Und Zuneigung junger Mädchen bindet
Und Liebe freisetzt.

Ich kenn eine siebzehnte Rune –
Die niemals ausgesprochen wird,
Ein Geheimnis der Geheimnisse,
Ausser dem Liebling in meinen Armen
Und meiner Schwester.

Missbrauch der Runen

Diese eindrucksvolle Liste magischer Kräfte hat jedoch einen verborgenen Stachel. In einer Zeile heisst es: «Da eine Gabe nach Gegengabe verlangt.»

Auf den ersten Blick scheinen es harmlose Worte zu sein – oder etwa nicht? Tatsächlich bergen sie eine versteckte Warnung, Runenmagie niemals zu missbrauchen. Verlange stets nur, was du wirklich brauchst, denn wenn du allzu habsüchtig bist, werden die angerufenen Mächte einen Tribut von dir fordern, den du nicht gewillt sein wirst zu entrichten. Es ist ein altüberliefertes, auf nüchternen Tatsachen beruhendes Gesetz, dass, wenn einer zu erfolgreich ist im Leben oder zu sehr begünstigt wird vom Glück, ihm die Götter, als Preis für übermässigen Erfolg etwas nehmen werden, das ihm lieb und teuer ist.

Ein solcher Glaube bildet das Herzstück mittelalterlicher Märchen, in denen es um Magier geht, die angeblich einen Pakt mit dem Teufel schliessen, um Wohlstand und Glück zu erlangen. Wenn es dann darum geht, die Abmachungen einzuhalten, wird der Magier, ganz gleich, wie bewandert er in den Zauberkünsten ist, stets verlieren und gezwungen sein, seine Seele den Mächten der Finsternis zu vermachen. Als intelligente und gebildete Menschen glauben wir nicht mehr an den christlichen Butzemann, der zu mitternächtlicher Stunde zu uns kommt, um unsere Seele zu fordern. Andererseits verhält es sich so, dass der Glaube an unzuverlässige Götter und die Opfer, die denen abverlangt werden, die mit den Naturgewalten spielen, im wesentlichen heidnischer Herkunft ist und viele tausend Jahre älter als die christlichen Märchen. Dies entspricht jenem alten Gesetz, das sich in den abergläubischen Worten niederschlägt: «Wie gewonnen, so zerronnen.»

Eine weitere bemerkenswerte Zeile ist: «Besser niemanden erschlagen, als zu viele.» Sie bezieht sich auf den negativen Aspekt der Runen als ein Instrument magischen Mordes. Doch wird ein jeder, der töricht genug ist, Runen für solche Zwecke zu verwenden, schon bald dem alten Gesetz begegnen, demnach ein Fluch dreifach auf den Sender zurückfallen wird. Das muss nicht sofort geschehen, aber eines Tages wird derjenige, der Runen missbraucht – oder jede andere Form angewandten Okkultismus – schwerwiegende Konsequenzen tragen müssen. Die Natur verfügt über Möglichkeiten, mit jenen bloss Sterblichen umzugehen, die sich als Richter aufspielen und ihre Mitmenschen leichtfertig beurteilen, und dies wird nicht gerade besonders angenehm sein.

Andererseits sollte man nicht übersehen, dass nicht alle Runeninschriften magische Bedeutung hatten. Als etwa die Wikinger unter Rognvaldr Kali im Jahre 1151 über die Orkneyinseln herfielen, hinterliessen sie am Grabmal Maes Howes Grafittis, die besagten, dass die Eindringlinge einen grossen Schatz mit sich nahmen. 1153 kehrten die Wikinger noch einmal zurück und hinterliessen wiederum Runeninschriften. Diesmal berichteten sie von einem Schneesturm, der ihre Abreise behinderte, und wie zwei ihrer Genossen dem Wahnsinn verfielen.

Die magischen Kräfte der Runen

Eines der wohl am häufigsten missverstandenen Worte in der Sprache ist das Wort «Magie». Wer das nicht glauben will, der höre sich bei Freunden und Arbeitskollegen einmal um, was es für sie bedeutet. Ihre Antworten werden sichtbar machen, wie weit die wahren magischen Künste herabgesunken sind, seit sie in heidnischer Zeit einen Höhepunkt erreichten.

In den Köpfen der Normalverbraucher verbindet sich mit dem Begriff Magie so etwas wie unterhaltsame Zauberkünste, bei denen weisse Kaninchen aus einem Zylinderhut gezaubert werden, böse Hexen, die auf Kinderbühnen Zauberstäbe schwingen oder obszöne Rituale auf entlegenen Landfriedhöfen. Jedes dieser Beispiele ist ein modernes Klischee und bezeichnet in keiner Weise das, was wahre Magie oder diejenigen, die sie praktizieren, bewirken. In der Vergangenheit brauchte man keine Erklärungen, was Magie denn nun wirklich sei. Jedermann hatte seine eigenen Erfahrungen, man begegnete der Magie im täglichen Leben. Man akzeptierte sie, ohne viel zu hinterfragen, und wusste, dass es gewisse Personen gab, die sich von der grossen Masse absetzten, die auf eine Weise anders waren, die nur denen verständlich war, die die materielle Welt und die Gefilde des Geistes als eine Einheit auffassten. Diese Menschen verfügten über sonderbare Kräfte und ein ungewöhnliches Wissen; sie konnten in die Zukunft schauen und sogar die elementaren Naturgewalten manipulieren. Ihre Kräfte konnten zwar für böse Zwecke verwendet werden, grösstenteils waren diese Menschen jedoch angesehene Mitbürger, an die man sich in Zeiten persönlicher Not wenden konnte.

Heutzutage hat sich eine völlig neue technische Terminologie entwickelt, um jene Kräfte, die unseren Vorfahren selbstverständlich waren, zu beschreiben. Wir sprechen von aussersinnlicher Wahrnehmung (ASW), von Parapsychologie, von Präkognition, Astralprojektion und Telekinese. Doch können unsere hilflosen Versuche, diese Kräfte vernunftgemäss zu deuten, indem wir ihnen pseudo-wissenschaftliche Namen geben, nicht darüber hinwegtäuschen, dass wir nur wenig über sie wissen. Würde man das Arbeitsfeld eines wissenschaftlich ausgebildeten Forschers auf dem Gebiet der Psychologie oder eines «Parapsychologen» als «Magie» oder als «magisch» bezeichnen, würde man ausgelacht werden. Für unsere Vorfahren war das allerdings etwas Selbstverständliches, und wer würde sagen, sie hätten damit Unrecht gehabt?

Ablehnung heidnischer Anschauungen

In den vorangehenden Kapiteln behandelten wir die schamanistische Überlieferung, ein magisch-religiöses Glaubenssystem, das auf den ersten Blick in eine weit zurückliegende Phase in der Geschichte des Menschen zu gehören scheint, als düsterer Aberglaube und grausame Barbarei das Leben bestimmten. Tatsächlich wurden wir zu dieser Auffassung konditioniert. Eine heimtückische und unheilvolle Konditionierung, die unserem Erziehungswesen innewohnt, welches sich morgens in den Tageszeitungen und abends in den Fernsehnachrichten widerspiegelt. Ein Konditionierungsprozess, der das wissenschaftliche und technologische Establishment durchdringt und das wahre Bild der Beziehung zwischen den Menschen und ihrer natürlichen Umgebung verzerrt.

Jene spirituellen Anarchisten, die Schamanen, erfuhren

keinerlei von Menschen gesteuerte Konditionierung, die ihre Sicht der Aussenwelt beeinflusst hätte. Anders als wir wurden sie nicht den Theorien eines Isaac Newton oder der Philosophie eines Descartes ausgesetzt, die das Universum als ein mechanisches Modell begriffen, geschaffen von einem allmächtigen, in der Art und Weise eines Schweizer Uhrmachers arbeitenden Schöpfers. Seit Newton war es die traditionelle wissenschaftliche Haltung, Materie und Geist voneinander zu trennen; der Höhepunkt dieses absurden Denkens wurde im Viktorianischen Zeitalter erreicht, als der Geist endgültig verleugnet und verworfen wurde.

Das wissenschaftliche Establishment verwarf die heidnische Auffassung von der Erde als einem lebenden Organismus oder dass alles Leben im Universum von der kreativen Energie der Lebenskraft durchdrungen wird, dass alles, was existiert, Teil eines grösseren Ganzen ist. Die Heiden wussten um diese fundamentale Tatsache und akzeptierten sie ebenso, wie sie um Magie wussten und sie akzeptierten. Ihr Glaube an die absolute Einzigartigkeit des Lebens und die schamanistische Auffassung von der Erde als einer lebenden Entität wird in folgendem Zitat, einem Abschnitt aus dem Werk des mittelalterlichen, heidnischen Philosophen Basilius Valentinus, anschaulich dargestellt.

> Die Erde ist kein lebloser Körper, sondern wird von jenem Geist bewohnt, der ihr Leben und ihre Seele ist. Alle Kreaturen ziehen ihre Kraft aus diesem Erdgeist. Dieser Geist ist Leben, er wird von den Sternen genährt und gibt allen Lebewesen Nahrung, denen er in seinem Leib Schutz gewährt.

Die alten Schamanen oder Runenmeister hätten diese Worte ohne weiteres gelten lassen. Auch heute noch hätten sie ihre Gültigkeit für die überlebenden Magier der verschiedenen Volksgruppen, die hartnäckig an den alten Methoden festhalten, trotz der von Missionaren auferlegten Zwänge, trotz der materiellen Anreize multinationaler Konzerne, die es sich zum Ziel gesetzt haben, unsere Brüder in der Dritten Welt aufzuklären.

Ablehnung des Rationalismus

Heute, in einer Zeit, da die Menschen zunehmends erkennen, wie der technologische Traum um uns herum zerfällt in Verbrechen, Vandalismus und die Verschmutzung der Erde, lockt uns auf einmal das alte schamanistische Gedankengut wieder. Die Theorien von Newton, Descartes und Darwin werden einer rücksichtslosen Überprüfung unterzogen und als mangelhaft abgetan. Der amerikanische Schriftsteller und Philosoph Gary Snyder hat erst kürzlich geäussert, es sei höchste Zeit, zu den alten religiösen Wurzeln zurückzukehren. Mit zunehmender Bewusstwerdung, was der Mensch mit fortschreitender Industrialisierung seiner Umwelt antut, sind wir gezwungen, die allseits anerkannten Werte, die ihren Ursprung im Cartesianismus haben, neu zu überdenken. Snyder weist darauf hin, dass ein Buch wie *Schwarzer Hirsch: Ich rufe mein Volk*, verfasst von einem nordamerikanischen Schamanen, heute bereits von vielen Menschen als das Testament einer spirituellen Philosophie anerkannt wird, die um viele tausend Jahre älter ist als das jüdisch geprägte Christentum oder die hinduistisch-buddhistischen Religionen. Eine Philosophie, deren Lehre besagt, dass die Menschheit sich nicht von ihrer physikalischen Umgebung oder den Angelegenheiten des Geistes trennen kann. Beide reflektieren die von den alten Schamanen anerkannte Einzigartigkeit, auf die sie sich einstimmten, um ihre magischen Kräfte zu erlangen.

Diese magischen Kräfte gehören einer Welt an, die über die vergangenen zweihundert Jahre materiellen Rationalismus hinweg weitgehend ignoriert wurde. Inzwischen gibt es aber wieder Pioniere der Wissenschaft, wie etwa Dr. Fritjof Capra, der uns mit einem neuen System, auf mystischer Physik basierender metaphysischer Wissenschaft vertraut gemacht hat, die unseren Blick auf eine nicht-mechanische Theorie des Universums lenkt. Wir entdecken noch einmal die alte schamanistische Sicht des Kosmos und realisieren, dass jegliches Leben eine ewig fliessende Bewegung aus Veränderung und Transformation ist, ein kosmischer Himmelsreigen. Das Universum kann als die abschliessende Manifestation eines endgültigen Wirklichkeitsmusters begriffen werden. Es wird getragen von einer vereinigenden Essenz mit einer zentralen Funktion – sich in zahllosen Lebensformen zu manifestieren, die entstehen, sich entwickeln und vergehen, um in einem ewigwährenden Kreislauf neu aufgebaut zu werden.

Die zentralen Wahrheiten

Diese zentrale Wahrheit wurde im Laufe der Menschheitsgeschichte immer wieder missverstanden oder geriet in Vergessenheit. Das materialistische Zeitalter, in dem wir leben, ist eine jener dunklen Epochen. In der Vergangenheit wussten die Priester, die das Wissen um die Magie hüteten, dass der Grossteil der Menschen die Fähigkeit verloren hatte, sich der Einzigartigkeit und Einheit allen Lebens bewusst zu sein (obwohl es Eingeweihte, die Schamanen zum Beispiel, gab, die dieses Wissen bewahrten). Daraus wurden drei Ebenen religiösen Ausdrucks entwickelt, und die Menschheit begann das göttliche Wesen auf drei Ebenen zu visualisieren.

Diese waren: *Das göttliche Schöpfungsprinzip* – reine, asexuelle, transzendierende Energie, häufig unter dem Begriff Lebensenergie zusammengefasst. *Die schöpferische Dualität* – die Lebenskraft manifestiert sich symbolisch als ein Gott und eine Göttin, die die männlichen und weiblichen Aspekte der menschlichen Psyche repräsentieren. *Die Archetypen* – magische Abbilder des Gottes und der Göttin als mythologische Gottheiten, Volkshelden und Verkünder kulturellen Gedankenguts. Die nordischen, keltischen, römischen, griechischen, ägyptischen und hinduistischen Religionen basierten auf dem letztgenannten Konzept und verehren Götter, die im Laufe der jeweiligen Kulturgeschichte als reale Menschen auf Erden lebten. Der Schweizer Psychologe C. G. Jung lehrt, dass die Archetypen fundamentale menschliche Eigenschaften und Träume repräsentieren, die in Träumen, Mythen, Visionen und Bräuchen zutage treten.

Wir sollten uns darüber im klaren sein, dass diese Archetypen subjektive Verkörperungen des göttlichen Schöpfungsprinzips der Lebenskraft sind. Andererseits gibt es okkulte Philosophen, die behaupten, sie könnten ausserhalb der menschlichen Vorstellungskraft eine getrennte Realität beherrschen. Sie behaupten, dass die Götter von ihren menschlichen Anbetern mit einer Intensität visualisiert werden, dass sie zu einem Brennpunkt für Naturkräfte werden können, die sich auf materieller Ebene zu manifestieren suchen. Die berühmte Okkultistin Dion Fortune stellte fest, dass ein Gott eine künstliche Gedanken-Form sei, die über viele Generationen und lange Zeiträume hinweg errichtet wurde. Wenn ein Magier oder Schamane das Bild des Gottes vor seinem geistigen Auge visualisiert, dann ist es der korrespondierende Aspekt seines persönlichen Wesens, welches diesem Bild Kraft und Form verleiht.

Dass die verschiedenen Götter und Göttinnen, die in der rituellen Magie beschworen werden (die Magie der Runen eingeschlossen), als künstliche Gedanken-Formen oder Naturgeister eine getrennte Existenz führen, ist ein Gedanke, den der Schriftsteller Hzhak Bentov verfolgt. Er beschreibt sogar den Modus operandi, um einen Gott zu erschaffen.

Bentov stellt sich einen Stein in der Wüste vor. Dieser unbeseelte (jedoch nicht «tote») Gegenstand existiert auf einer niedrigen Bewusstseinsstufe. Die Schwelle seiner Bewusstheit wird durch den Kontakt mit kleineren Tieren stimuliert, die in der Nachbarschaft leben und den Stein als einen Beschützer vor den Elementen und grösseren Tieren betrachten. Wenn nun ein Mensch, der ein Gefühl für die Natur hat, durch die Wüste wandert und auf diesen Stein stösst, wird er spüren, dass mit dem Stein irgend etwas «anders» ist. Gehört der Wanderer einer Kultur an, die der animalistischen Religion anhängt oder insgesamt auf derartige Einflüsse anspricht, kann es vorkommen, dass die anfängliche Scheu in direkte Anbetung des Steins als einem Kultgegenstand und der Wohnstätte eines freundlichen (in manchen Fällen auch unfreundlichen) Geistes umschlägt. Diese Art der Aufmerksamkeit treibt das embryonale Bewusstsein des Steins sogar noch weiter voran, und eines Tages wird der Stein möglicherweise zu einer Gottheit erhoben.

Manifestationen der Lebenskraft

Der Glaube an die Götter, die in Steinen hausen, ist weltweit verbreitet und lässt sich am Beispiel des Toraja-Stammes eindrücklich aufzeigen, der über die Inseln des indonesischen Archipels verteilt lebt. Sie stellten einst gigantische Megalithen auf, die heute mit Schweineblut «gefüttert» werden, in der Vergangenheit aber mit Menschenopfern geehrt wurden. Alle möglichen Berichte über «übernatürliche» Ereignisse in den europäischen Steinkreisen liessen sich durch Bentovs Theorien möglicherweise erklären. Die herkömmliche Auffassung, dass ein Stein eine inaktive, solide Masse sei, wurde durch neuerliche Entdeckungen auf dem Gebiet der Physik revidiert, die feststellt, dass Stein eine komplizierte Energiestruktur ist, die uns so manches erstaunliche Geheimnis offenbart.

Was Bentov in seiner Geschichte mit dem Stein in der Wüste beschreibt, ist die Schaffung eines Elementar- oder Naturgeistes, die mit der Manifestation der Lebenskraft durch organische Materie assoziiert wird. Diese Energiekräfte wurden in der Vergangenheit als niedere Götter oder als Geisterhüter von heiligen Brunnen, Bäumen, Stelen, Seen und Flüssen angebetet. Solche Kräfte verfügen über die Fähigkeit, sich auf den menschlichen Verstand einzustimmen und regen ihn an, sie in Form archetypischer Bilder zu interpretieren. Der verstorbene W. E. Butler liefert uns ein anschauliches Beispiel. Einst besuchte er einen von altersher geheiligten Ort und sah über einem der Steine eine kleine Lichtkugel schweben. Aufgrund seiner okkulten Erfahrungen erkannte er in diesem Phänomen die Manifestation eines Naturgeistes. Seine Begleiterin, die nicht hellseherisch geschult war und über keinerlei magisches Wissen verfügte, sah den Geist ebenfalls. Allerdings beschrieb sie ihn als eine herkömmliche Feengestalt, wie sie in Kinderbüchern zu finden ist. Aus diesem Erlebnis lässt sich folgern, dass wir auf bisher unerklärte Weise konditioniert worden sind, gewisse Aspekte der spirituellen Realität in spezifisch konstruierten archetypischen Erscheinungsformen zu empfangen. Dies mag zugleich für das moderne U. F. O.-Phänomen gelten, das mit Begegnungen mit kleinen grünen Männchen vom Mars herzlich wenig zu tun hat, aber sehr viel mit Feenreichen und der sogenannten «Drachenkraft», von der Okkultisten und Wünschelrutengänger behaupten, sie verliefe entlang der geheimnisumwobenen Brachlandlinien von einem prähistorischen Ort zum anderen.

Die multi-visionäre Sicht

Die oben beschriebene Universum-Theorie überschneidet sich mit neueren Forschungsarbeiten zweier führender Physiker, Karl Pribram von der Stanford University und David Bohm von der London University. Sie stellen die Behauptung auf, dass unsere Gehirne auf mathematischem Wege das konstruieren, was wir als Realität bezeichnen, indem sie Frequenzen von einer ursprünglichen Existenzebene aus interpretieren, die Zeit und Raum überwindet. Dieses archetypische Realitätsmuster vergleichen sie mit einem universalen Hologramm (jener Fotografietechnik, mit deren Hilfe sich dreidimensionale Bilder herstellen lassen). Sie behaupten weiter, dass Phänome wie Magie, Präkognition, Telepathie, Zeitkrümmungen, ASW und mystische Erfahrungen ein Aspekt der Ur-Realität sind und dann auftreten, wenn bestimmte Menschen sich, bewusst oder unbewusst, auf die universale Matrix, die das kosmische Hologramm trägt, einstimmen.

Es scheint, als hätten wir uns von der Bedeutung der Magie ziemlich entfernt; aber nicht wirklich, denn der Schamane oder Runenmagier sind beide Beispiele für Menschen mit oben geschilderten Fähigkeiten, sich (bewusst oder unbewusst) auf die universale Matrix oder Geisterwelt einzustimmen, die praktisch in allen Menschen schlummert. Der Schamane oder Runenmagier ist eine multi-visionäre Entität, im Gegensatz zum Durchschnittsbürger der westlichen Industriegesellschaft, der an jener Blindheit des Geistes leidet, die der Dichter William Blake als «Einzelvision» beschrieb.

In einem kürzlich in der populärwissenschaftlichen Zeitschrift *Omni* veröffentlichten Aufsatz spekuliert Kenneth Brower genau darüber, weshalb die Menschheit ihren kollektiven Halt auf dem Weg des Fortschritts mittels technologischer Vormachtstellung gegenüber den Mächten der Natur verloren zu haben scheint. Er glaubt, dass jene in der Bibel verankerte Vorschrift, der Mensch solle sich vermehren, um die Natur und das Tierreich zu unterwerfen, eine der Wurzeln unserer derzeitigen misslichen Lage ist. Wie die alten Schamanen glaubt auch Brower, dass unsere Einstellung zur Erde weitaus gesünder war, als wir Heiden waren und überzeugt, dass ein jedes Ding von einem Geist bewohnt wurde, als Menschen und Tiere gleichberechtigt nebeneinander lebten, und Bäume, bevor sie gefällt wurden, beschwichtigt werden mussten. Damit tut Brower nichts anderes, als, im Gegensatz zur Einzelvision, die multi-visionäre Sicht der Welt zu befürworten.

Der sechste Sinn

Es ist eine weitverbreitete Tatsache, dass wir nur einen geringen Teil der uns zur Verfügung stehenden Gehirnkapazität nutzen. Ein Grossteil seines Potentials liegt in den Schatten und Tiefen des Unbewussten verborgen. Wie es scheint, war die Menschheit in prähistorischer Zeit auf intuitiver Ebene bei weitem entwickelter, als wir es heute sind. Die Sinnesorgane fürs Sehen, Riechen, Tasten, Schmecken und Hören waren um vieles geschärfter, wie es für die primitiven Urvölker angemessen ist, die sich von der Jagd ernährten und tagtäglich auf der Hut sein mussten vor wilden Tieren oder anderen Menschen, die alle gnadenlos vorgingen und töteten.

Im Laufe des Zivilisationsprozesses, in dem die Menschen in Dörfern und Städten zu leben begannen, verlor sich der sogenannte sechste Sinn – die intuitive Abteilung des Gehirns – und begann zu verkümmern. Seine Kräfte lebten zeitweise in Augenblicken der Inspiration, in Visionen oder prophetischen Träumen wieder auf. Dieser Vorgang wiederholte sich über eine geraume Zeitspanne hinweg, wurde aber während der vergangenen zweihundert Jahre in unserer eigenen Gesellschaft beschleunigt, was auf die rasche Industrialisierung und unseren Rückzug von natürlichen Lebensweisen zurückzuführen ist. Doch gibt es Angehörige der menschlichen Rasse (nicht nur bei jenen Menschen, die von den verderbenbringenden Einflüssen der westlichen Industriegesellschaft isoliert leben), die es fertiggebracht haben, trotz des Druckes seitens einzelvisionärer Technokraten, sich dem Status quo anzupassen, die magische multivisionäre Haltung zu bewahren.

Gesellschaftliche Konditionierung

Kinder sind von Natur aus empfänglich für übersinnliche Einflüsse und es kommt häufig vor, dass sie von unsichtbaren Spielgefährten erzählen. Gewöhnlich werden solche Berichte von nicht aufgeklärten Eltern als Ergebnis infantiler Phantasie abgetan. Tatsächlich werden Kinder, die wiederholt von Feen oder Engeln berichten, als pathologische Lügner oder als schwachsinnig eingestuft. Mit solchen Aussichten konfrontiert, werden Kinder rasch lernen, derartige Erlebnisse für sich zu behalten, denn wenn sie offen von derlei Naturereignissen reden, handeln sie sich den Spott und die Verachtung der Erwachsenen ein. Dieser Prozess wird noch verstärkt, sobald ein Kind ins schulpflichtige Alter kommt, da es in unserem modernen Erziehungssystem keinen Platz gibt für den Träumer, den Poeten, den Visionär. Die heutige Erziehung (mit Ausnahme einiger progressiver Schulen, wo die Schüler gar ermutigt werden, ihre künstlerischen und kreativen Fähigkeiten zu entwickeln) zielt darauf ab, brav angepasste Zombies hervorzubringen, die einst die Technokraten und das Maschinenfutter unserer schönen neuen Industriewelt sein werden.

In der Vergangenheit wurden Menschen, die behaupteten, Visionen zu haben oder über Kräfte zu verfügen, Aussergewöhnliches geschehen zu lassen, nicht mit derartigen Verboten belegt. Sie wurden als wichtige Persönlichkeiten angesehen, deren natürliche Gabe, die Welt der Geister lebendig werden zu lassen, ein wertvoller Beitrag zum Gemeinschaftswesen war. Als der christliche Glaube zur beherrschenden Religion Westeuropas wurde (einhergehend mit einem jahrhundertelangen Kampf gegen das Heidentum), wurden Personen, die für übersinnliche Einflüsse empfänglich waren, aus der Gesellschaft ausgestossen.

Das Beschwören der Runenkraft

Kehren wir zu den speziellen magischen Kräften des Runenalphabets zurück – wie stellt sich der Durchschnittsbürger, der den Begrenzungen der einzelvisionären Existenz entfliehen will, es an, die okkulte Kraft der Runen anzuzapfen?

Die Runenmagie kann, wie alle praktischen okkulten Techniken, recht gefährlich sein. Äusserste Vorsicht ist geboten, und *niemals* sollte man mit Runen wie mit einem unterhaltsamen Gesellschaftsspiel umgehen oder Runenmagie anwenden, um rasch zu Geld zu kommen. Wer sie in diesem Licht betrachtet, wird schon bald verheerende Folgen zu spüren bekommen, wenn er versucht, ihre Geheimnisse zu lüften. Diese alten magischen Siegel geben ihr Wissen nicht ohne weiteres preis, wie Odin es am eigenen Leib erfuhr, als er, vor langer Zeit, am Weltenbaum hing.

Im Verlauf okkulter Handlungen können Runen, wie jedes andere magische Alphabet auch, eingesetzt werden, um einem Ritual oder einem Bannspruch zusätzliche Kraft zu verleihen. Bevor man Runen benutzt, sollte man Odin anrufen, der die Macht repräsentiert, die den Runenzeichen innewohnt. Im folgenden wird eine Beschwörungsformel vorgeschlagen, wobei es dem Leser freigestellt ist, sich eine eigene Formel auszudenken.

Oh, Erhalter von Sonne und Ozean,
Erhalter des Mondes, allmächtiger Vater!
Bewahrer geheimen Wissens,
Herr der Feenheerscharen,

Wilder Jäger am Himmel der Wintersonnenwende,
Herrscher der Unterwelt und der Scheidewege,
Ich, *[den eigenen Namen einsetzen]*, rufe dich an und
bitte dich, hilf mir bei meinem grossen Werk.

Diesmal suche ich *[gewünschte Absicht
einsetzen]* mit deiner Hilfe und
mit Hilfe des Wissens der magischen
Runen, die deinem Schutze unterstehen.

Während dieser Beschwörung stelle man sich den Gott bildlich vor – wie er vor einem steht (siehe die Beschreibung auf Seite 8).

Heilritual

Nehmen wir einmal an, dass unser Runenmagier sich vorgenommen hat, für jemanden, der im Krankenhaus liegt, ein Heilritual zu vollziehen. Nachdem er Odin angerufen hat, schreibt der Magier den Namen der betreffenden Person in Runenschrift auf ein Stück Papier:

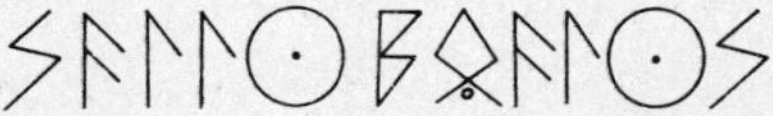

SALLY BOWLES

Da das Runenalphabet, das wir kennengelernt haben, keine Zeichen für unser Y und E aufweist, ersetzen wir diese fehlenden Buchstaben mit dem magischen Symbol für die Sonne.

Unter den Namen des Patienten schreibt der Magier den Namen und den Ort des Krankenhauses; ebenfalls in Runenschrift:

FERNDOWNE HOSPITAL

NORTHAMPTON

Im Anschluss daran wird, wiederum in Runenschrift, eine Bittschrift an Odin niedergeschrieben (der die altnordische Version Merkurs und damit der Gott des Heilens ist) und an seinen Sohn Baldur, der die lebensspendenden Sonnenstrahlen repräsentiert. Hierfür wird der folgende Wortlaut vorgeschlagen, der vom Leser beliebig geändert werden kann:

> Mächtiger Odin, Herr des Nordwinds,
> Baldur, leuchtender Lichtbringer,
> Liebling der Götter.
> Ich, *[den eigenen Namen einsetzen]*, bitte darum, dass
> Heilkraft geschickt werde
> an Sally Bowles im Ferndowne-
> Krankenhaus, Northampton.
> Auf dass sie geheilt werde von
> *[Namen der Krankheit einsetzen]*
> und ihre Gesundheit wiederhergestellt.
> Ich erbitte diese Gnade nicht für mich,
> sondern für sie, auf dass der Wille der
> Götter geschehe und das Gesetz der
> Nornen geachtet werde.
> Bei der Kraft des Windes, des Feuers und des Wassers
> und im Namen Odins, Baldurs,
> Freyjas und Thors.

Diese Bittschrift wird mit klarer Stimme laut gelesen, und das Papier, auf dem sie niedergeschrieben wurde, wird an der Flamme einer blauen oder weissen Kerze entzündet und völlig verbrannt. Blau und Weiss sind beides Heilfarben.

Während das Papier in Flammen aufgeht, sollte der Magier sich einen blauen Lichtstrahl vorstellen, der über der Nasenwurzel (genau dort, wo das Dritte Auge oder die Zirbeldrüse angesiedelt ist) beginnt und auf das magische Bild Odins übergeht, welches zu Beginn des Rituals visualisiert wurde.

Ist dies vollbracht, dankt der Magier Odin und Baldur für deren Hilfe. Anbei ein weiterer Vorschlag zum Wortlaut:

> Ich, *[den eigenen Namen einsetzen],*
> danke dir, Gott Odin, grausamer Herr der Toten
> und Bewahrer der Runen,
> ich, *[den eigenen Namen einsetzen],*
> danke dem leuchtenden Baldur,
> Jüngster unter den nordischen Göttern.
> Bevor ihr eilt von dannen in die
> eisigen Gefilde jenseits des Nordlichts,
> bringe ich euch dieses Opfer,
> aus freiem Herzen, ohne Schmerz oder Tod,
> für alle lebende Kreatur.

Anschliessend wird ein symbolisches Opfer vollzogen. Dies bewerkstelligt man, indem man eine Haarsträhne verbrennt, einen Tropfen Blut aus dem Zeigefinger der linken (heidnischen) Hand entnimmt oder ein Trankopfer aus Met oder Wein darbringt.

Sobald dieser symbolische Akt vollzogen wurde, stelle man sich vor, wie das geistige Bild des Odin sich langsam auflöst und in das Nichts entschwindet. Vor dem Ritual sollte man daran denken, das Zimmer, in dem man arbeiten will, zu weihen. Dies lässt sich erreichen, indem man sich vorstellt, wie es von einem Ring aus blauem Licht umgeben wird. Eine symbolische Abgrenzung, die geeignet ist, fremde oder negative Einflüsse fernzuhalten. Sofern notwendig, kann dieser Schutzring noch verstärkt werden, indem die Elementarhüter des Nordens, Südens, Ostens und Westens angerufen werden. Einzelheiten entnehme man meinem Buch *Candle Burning: Its Occult Significance.*

Um diesem Heilritual zusätzliche (magische) Kraft zu verleihen, sollte es an einem Mittwoch (englisch «Wednesday», gleich «Wodans Tag») abgehalten werden; einem Tag, der dem Gott Odin oder Wodan geheiligt ist. Wenn möglich, sollte es bei abnehmendem Mond geschehen. Zahlreiche Okkultisten hegen eine Aversion, in dieser Mondphase tätig zu werden. Ein recht kurzsichtiger Standpunkt, wie ich meine, da sich unerwünschte Einflüsse und Krankheiten bei abnehmendem Mond wirksam bannen lassen. Die Tage, an denen man traditionsgemäss unter keinen Umständen magischen oder okkulten Aktivitäten nachgehen sollte, sind die drei Tage vor Neumond, bekannt als «der Dunkelmond». In altem Volksbrauchtum war dies eine Periode, die von der Vampirgöttin Lilith beherrscht wurde, die Männer sexuell belästigte und die Königin der Kobolde, Geister und Dämonen war. Sie steht für den dunklen Aspekt der Grossen Muttergöttin prähistorischer Zeit, die von den Anhängern patriarchalischer Religionen stets gefürchtet wurde.

Die Kräfte der Götter

Verschiedene altnordische Gottheiten können im Rahmen der Runenmagie für verschiedene Zwecke angerufen werden. Die folgende Liste gibt eine Auswahl dieser Götter an, zusammen mit den ihnen geweihten Tagen und den jeweils planetaren Einflüssen.

Gottheit	Tag	Planet	Herrscht über
Odin	Mittwoch	Merkur	Heilen und Wissen
Freyja	Montag	Mond	Intuition und Hellsehen
Tiw	Dienstag	Mars	Mut und Kraft
Thor	Donnerstag	Jupiter	Wohlstand und Gedeihen
Frigg	Freitag	Venus	Liebe und Fruchtbarkeit
Die Nornen	Samstag	Saturn	Schicksal und Glück
Baldur	Sonntag	Sonne	Heilen, Selbstbewusstsein und Familie

Beschreibungen dieser Götter zum Zwecke der Visualisierung finden sich in jedem guten Nachschlagwerk zur altnordischen Mythologie.

Nordische Monatsnamen und Festlichkeiten

Wie für die Wochentage, so kannten die altnordischen Völker auch Monatsnamen, die von den heute gebräuchlichen und von den Römern übernommenen Namen abweichen.

Altnordisch	Römisch	Festlichkeit	Datum
Wolfsmond	Dezember	Nacht der Mütter	21.
		Zwölfte Nacht	31.
Schneemond	Januar	Segnen des Pfluges	1.
Horning (Hornabstossen)	Februar	Fest der Familie	14.
Lenting (Fasten)	März	Sommersuche (Frühjahrstagundnachtgleiche)	21.
Ostara	April		

Altnordisch	Römisch	Festlichkeit	Datum
Wonnemond	Mai	Maifeier	1.
Brache	Juni	Mittsommernacht	21.
Erntemond	August	Erntedank	28.
Laubabwurf	September	Wintersuche (Winter-tagundnachtgleiche)	21.
Jagdmond	Oktober		
Nebelmond	November	Heldentag	11.

Amulette und Talismane

Ebenso wie Runen als magisches Alphabet für Beschwörungen verwendet werden, findet man sie auch in Amulette und Talismane eingraviert. Sie haben den Vorteil, dass man sie als persönlichen Schmuck tragen kann, ohne irgendwelche Kommentare seiner Mitmenschen fürchten zu müssen. Ein Amulett wird benutzt, um negative Kräfte abzuwehren und Unglück zu vertreiben. Der Talisman hingegen wird wie ein magischer Magnet gebraucht, um günstige Einflüsse und gute Schwingungen anzuziehen. Gewöhnlich wird ein Talisman von seinem Hersteller geweiht, um bestimmte Kräfte zu aktivieren, sei es um Liebe, Gesundheit oder Geld zu erlangen.

In der heidnischen Magie Islands wurden Runensymbole zu Talismanen verarbeitet, um verschiedene günstige Eigenschaften zu erschliessen. Island ist auch heute noch ein sehr heidnisches Land (es wurde erst im elften Jahrhundert zum Christentum bekehrt) und Runenamulette und -talismane erfreuen sich grosser Beliebtheit. Sie werden in aller Offenheit in Andenkenläden gehandelt, etwa am Reykjavik Airport, von wo die unten angeführten Beispiele stammen.

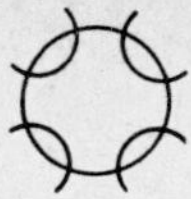

Dies ist ein Amulett, das alle Wünsche erfüllen soll.

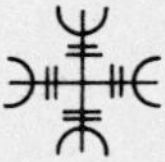

Dies Zeichen wird benutzt, um negative Kräfte abzuwehren und seinen Träger vor Feinden zu schützen.

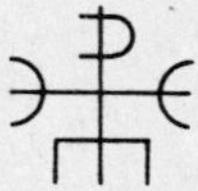

Dieses Siegel wird benutzt, um einen rivalisierenden Magier davon abzuhalten, einen bösen Bannspruch über seinen Träger auszusprechen.

Ein Liebesamulett. Trägt man es an einer Silberkette um den Hals, so wird es die liebevolle Zuneigung derjenigen Person erwecken, die man am meisten begehrt.

Von diesem Zeichen erhofft sich der Isländer Geld und materielles Wohlergehen.

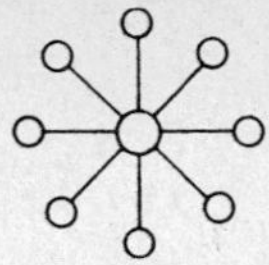

Abendsymbol. Dieses Siegel zeichne man auf ein Stück Papier oder ritze es in einen Birkenzweig und lege es unter sein Kopfkissen. Es hilft, Träume zu verwirklichen.

Dies ist nicht das alte deutsche Nazi-Emblem. Es ist das altnordische magische Symbol, der Hammer des Thor. Heidnische Isländer, die die göttliche Hilfe des Donnergotts suchen, tragen es.

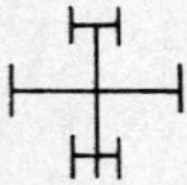

Ein Runenkreuz, welches eine christliche Neuerung sein mag, da es seinen Träger vor Geistern und Dämonen schützt.

Dieses Symbol wurde von skandinavischen Seefahrern benutzt, um zu verhindern, dass ihr Schiff in Seenot geriet und unterging. Man achte auf die Ähnlichkeit mit einem Anker.

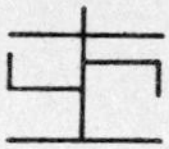

Diese letzte Rune kann verwendet werden, um Krankheiten von Geist und Körper zu heilen. Sie ist Odin geweiht.

Magische Ringe

Eine weitere Anwendung der Runen erfolgte in Form von magischen Ringen. In alten Hexenmärchen heisst es, dass diese Ringe den Magus unsichtbar machen, ihn vor allem Bösen bewahren oder wie einen Vogel fliegen lassen konnten. Verschiedene solcher Ringe sind in den vergangenen Jahren entdeckt worden.

Einen fand man in Greymoor Hill; er wies dreissig in seine Oberfläche eingravierte Runen auf. Siebenundzwanzig aussen und drei besonders machtvolle innen. Ein anderer, in Bramhan gefundener Ring wies ebenfalls dreissig Runen auf, die in drei Gruppen unterteilt waren: neun, neun und zwölf. Hierbei handelt es sich um Mondzahlen, die mit den Mondphasen, der Grossen Muttergöttin und der alten heidnischen Religion assoziiert werden.

Magische Ringe haben bis in unsere Tage überlebt. Eines der führenden Mitglieder einer deutschen magischen Bruderschaft machte zu Beginn dieses Jahrhunderts erhebliche Umsätze, indem er Bronzeringe verkaufte, in die magische Beschwörungen in Runenschrift eingraviert waren. Er behauptete, die Ringe könnten ihre Besitzer vor Krankheiten schützen und verkaufte sie im Ersten Weltkrieg sogar an die in Frankreich kämpfenden deutschen Truppen.

Das Werfen der Runen

Heutzutage konsultiert man Astrologen, Wahrsager und Hellseher, wenn man etwas über die Zukunft erfahren will. Im heidnischen Europa suchte man die örtlichen Runenmagier auf, die, indem sie Runen warfen, künftige Ereignisse voraussahen und das deuteten, was Odins Alphabet offenbarte.

Die Wahrsagerei ist eine magische Kunst, die so alt ist wie das Menschengeschlecht. Es ist eines der grundlegenden Bedürfnisse des Menschen, dass er wissen will, wie die Zukunft sich gestalten wird. Auch ist dies ein wesentlicher Bestandteil der schamanistischen Überlieferung, der sich, wie wir im Laufe der vorangegangenen Kapitel gesehen haben, wie ein roter Faden durch die Kunst der Runenmagie zieht. Die Gabe, in die Zukunft schauen zu können, wurde als ein Geschenk der Götter an die Schamanen betrachtet, die es an den Stamm weiterreichten.

Man kann sich vorstellen, dass in einer Gesellschaft, in der die Fähigkeit, von einem Tag zum anderen zu überleben, von Intuition und gesundem Menschenverstand abhing, eine Person, die es verstand, das Unvorhersehbare vorherzusehen, besonders gefragt war. Als die Stammesgesellschaft sich im Laufe der Zeit zunehmend komplizierter gestaltete, wurde aus der Wahrsagerei eine Sozialwissenschaft und schliesslich ein Bestandteil des autoritären staatlichen Priesterwesens, das den Schamanismus ersetzte. Der

Seher war am Hofe des Königs oder der Königin eine ausnehmend wichtige Persönlichkeit. Seine Rolle wurde in moderner Zeit von Sozialwissenschaftlern übernommen, die von Regierungen und Wirtschaftsunternehmen angestellt wurden, um zukünftige gesellschaftliche Entwicklungen vorauszusagen.

Schamanistische Techniken

Die Ausbildung zum Seher war langwierig und entbehrungsreich und bezog lange Perioden harten Arbeitens unter der Anleitung und Kontrolle eines Schamanen mit ein. Als erstes wurde den Novizen Selbstdisziplin gelehrt, die ein Schlüssel ist für eine erfolgreiche Zukunftsschau. Sie lernten die verborgene Bedeutung der Natur und ihrer wunderbaren Geheimnisse. Auch lehrte man sie die Vorzeichen im Schrei einer Eule zu deuten, die Zukunft in am Himmel entlangeilenden Sturmwolken zu sehen oder kommende Ereignisse von Bildern abzulesen, die sich auf der Oberfläche eines Waldsees spiegeln.

Eine solche Ausbildung bezog so bekannte okkulte Techniken wie Fasten, Abstinenz von Sex und Schlaf sowie viele Stunden Meditation und Trance mit ein. Allein dadurch, dass der Novize solch körperliche Mühsal auf sich nahm, konnte er seine psychischen Energien freisetzen und das notwendige Mass an Selbsterleuchtung aufbringen, welches den gewünschten Kontakt mit den spirituellen Gefilden ermöglicht. Um diese Ebene aussersinnlicher Bewusstheit zu erlangen, wendet der Schamane Trance an, rituelles Trommeln und Tanzen und nimmt natürliche Drogen, etwa den heiligen Fliegenpilz oder *Amanita muscaria*.

Der heilige Pilz

Den schamanistischen Mythen gemäss waren es die Götter, die die sonderbaren Kräfte des heiligen Pilzes den Menschen zum Geschenk machten. Eine Legende besagt, dass der Grosse Rabe einst einen Walfisch fand und ihn nicht nach Haus ins Meer zu bringen vermochte. Er konnte die Reisetasche, die alles enthielt, was der Wal für seine Reise benötigte, nicht hochheben. Deshalb rief er den Grossen Geist an, damit er ihm bei seiner Aufgabe helfen sollte. Der Geist sprach zu ihm und sagte, «Geh zu der flachen Stelle in der Nähe des Meeres. Dort wirst du weisse Stengel mit getupften Kappen finden. Dies sind die Geister, die dir helfen werden.» Rabe begab sich an diese Stelle, und der Grosse Geist spuckte auf die Erde, und wo seine Spucke hingefallen war, sprossen sogleich die heiligen Pilze hervor. Rabe kostete von den merkwürdigen Pilzen und hatte sofort die Kraft, die Reisetasche aufzuheben, damit der Wal nach Hause geleitet werden konnte.

Wenn ein Schamane *Amanita muscaria* zu sich nimmt, kommt es häufig vor, dass er die Geister des Pilzes sieht und mit ihnen kommuniziert. Diese Geister nehmen dabei eine Form an, die der des Pilzes nicht unähnlich ist. Sie sind von gedrungener Gestalt und von braunem, ledrigen Aussehen mit kuppelförmigen Köpfen, faltigen Gesichtern und dünnen Armen. Ihre Körper haben keine Beine, sondern stekken in der Erde. Oft verlangen sie von dem Schamanen Ehrerbietung, Opfergaben oder heissen ihn, den Mond anzubeten, die Hügel, Flüsse oder Berge. Anschliessend werden sie dem Schamanen gestatten, Visionen aus der Geisterwelt zu erleben oder Ausblicke auf die Zukunft zu erhaschen.

Es gibt genügend Beweise, in historischen wie auch zeitgenössischen Berichten, dass der heilige Pilz die psychischen Zentren öffnen kann, obwohl das eine Methode ist, die der Autor nicht uneingeschränkt empfiehlt, da sie von gefährlichen Nebenwirkungen begleitet werden kann. Der folgende Bericht über die magische Anwendung des heiligen Pilzes in unserer Zeit wurde vor wenigen Jahren als Privatdruck einer heidnischen Gruppe in Wales veröffentlicht.

In diesem Bericht geht es um eine Zusammenkunft heutiger Heiden, die in der Nähe eines Flusses an einem uralten Steinzirkel stattfand. Man sammelte Holz, entzündete ein Feuer, ass von dem heiligen Pilz und rief die Elementargeister an, Feen, Gnomen und Elfen. Langsam schritten die Teilnehmer um das Feuer herum, wobei die Frauen unter ihnen einen leisen, textlosen Gesang anstimmten.

Nach etwa einer Viertelstunde sahen sie im Schein der Flammen fünf kleine Gestalten im Schneidersitz im hohen Gras sitzen. Einer hörte in der Ferne Flötenmusik. Dann riefen die Frauen die Wassergeister an und hörten unmittelbar darauf vom Fluss her Geräusche spritzenden Wassers und ein Lachen wie von kleinen Kindern sowie das helle Klingen winziger Glöckchen.

Skeptiker können diesen Erfahrungen natürlich entgegenhalten, dass sie aufgrund der Einnahme des psychedelischen Pilzes verursacht wurden, doch ist es eine unumstrittene Tatsache, dass, über viele tausend Jahre hinweg, heiligen Pilzen die Kraft zugeschrieben worden ist, Visionen hervorzurufen und den Zugang zum Feenreich der alten Götter zu öffnen.

Runenwahrsagerei

Ob unter Zuhilfenahme heiliger Pilze oder nicht, Prophezeiungen wurden im Altertum häufig gemacht, indem ein Bündel Pfeile oder Hölzer auf den Boden geworfen wurde. Aus den sich ergebenden Mustern wurde die Zukunft vorausgesagt. Vielleicht die reinste Überlieferung dieser Art Wahrsagerei ist das chinesische System des I Ging. Die Runenwahrsagerei ist eine spätere, ausgeklügeltere Version des I Ging, welche das am Boden liegende Muster mit mystischen Symbolen kombinierte.

Tacitus ist einer der ersten, der über Runenwahrsagerei berichtet, wenn er über den unter heidnischen Germanenstämmen weit verbreiteten Aberglauben schreibt.

> Sie hauen einen Zweig von einem Obstbaum und schneiden ihn in Stücke und markieren diese mit unterschiedlichen Zeichen. Dann werfen sie die Stücke aufs Geratewohl auf ein weisses Tuch. Ein besonders ernannter Priester (wenn es sich um wichtige Stammesangelegenheiten handelt) oder ein Haushaltsvorstand (wenn es um private Dinge geht) betet zu den Göttern und nimmt, indem er zum Himmel aufblickt, einen Stab nach dem anderen auf und deutet ihn gemäss der Zeichen, die darauf markiert sind.

Diese Methode der Runenwahrsagerei hat sich seit Tacitus, der sie vor fast zweitausend Jahren beschrieb, kaum geändert; wobei die einzelnen Runenwerfer sich der unterschiedlichsten Methoden bedienen. Aus diesem Grund mögen sich die in diesem Buch angegebenen Verfahren von anderen in gewisser Weise unterscheiden, obwohl das Grundprinzip das gleiche bleibt.

Sollten Sie sich entscheiden, Runen zu werfen, überlegen Sie sich als erstes, wie Sie sie präsentieren wollen. Man kann sie mit einem glühenden Schürhaken in kleine rechteckige Holzstücke einbrennen, auf Kieselsteine malen oder auf Schiefertäfelchen ritzen. Sind Sie handwerklich begabt und gewohnt, mit Metall umzugehen, so können Sie die Runen in Kupfer-, Bronze- oder (sofern Sie es sich leisten können) Goldscheiben eingravieren. Sind Sie (wie viele von uns) nicht künstlerisch angehaucht, so können die Runenzeichen mit Filz- oder Farbstiften auf Pappestücke gemalt werden.

Welche Bedeutung nehmen Runen bei der Wahrsagerei ein? Um dem in der Ausbildung befindlichen Runenwerfer die Arbeit zu erleichtern, wird der symbolische Stellenwert der verschiedenen Zeichen im folgenden erläutert:

	Aufrecht:	Geburt, Fruchtbarkeit oder Ehe.
	Umgekehrt:	Fehlgeburt, Schwangerschaftsabbruch oder Scheidung.
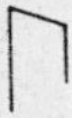	Aufrecht:	Wohlstand, Glück, eine günstige Karriere.
	Umgekehrt:	Negative Einflüsse, Unglück, leichte Erkrankungen.
	Aufrecht:	Ein neues Hobby, neue Arbeit oder Freundschaften.
	Umgekehrt:	Ein Angebot, das ausgeschlagen oder eine Person, die gemieden werden sollte.
	Aufrecht:	Gute Nachricht aus weiter Ferne. Eine Schiffsreise.
	Umgekehrt:	Eine unangenehme oder verzögerte Reise. Schlechte Nachricht.
	Aufrecht:	Von einer älteren, erfahrenen oder in der Welt der Geister bewanderten Person vermitteltes Wissen.
	Umgekehrt:	Schlechter Rat von jemandem, der Schaden zufügen will.
	Aufrecht:	Kündet von einer glückbringenden Reise.
	Umgekehrt:	Reiseschwierigkeiten. Eine unerwartete Reise, um erkrankte Verwandte oder Freunde zu besuchen.
	Aufrecht:	Eine erleuchtende und wegweisende Erfahrung.
	Umgekehrt:	Verwirrung, schlechte Beurteilung, getrübtes Sehvermögen.

Aufrecht: Ehe oder Festigung einer lange bestehenden Beziehung. Ein Geschenk, das gemeinsam erlebte Liebe ausdrückt.

Umgekehrt: Von sehr nahestehenden Menschen verursachte Traurigkeit.

Aufrecht: Glück und Freude verschönen das Leben.

Umgekehrt: Verlust von Zuneigung. Selbstaufopferung.

Aufrecht: Pläne, die verzögert werden, da es nicht der richtige Zeitpunkt für ihre Verwirklichung ist.

Umgekehrt: Verzögerungen und Rückschläge, die der Ratsuchende nicht beeinflussen kann.

Aufrecht: Vorsicht ist geboten, will der Ratsuchende seine Ziele erreichen.

Umgekehrt: Übereilte Entscheidung oder Ungeduld führen ins Verderben.

Aufrecht: Eine Warnung vor übler Nachrede oder davor, andere zu verurteilen, bevor alle Tatsachen aufgedeckt sind.

Umgekehrt: Im Zorn gesprochene Worte können eine gute Freundschaft beenden.

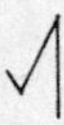

Aufrecht: Die Lösung einer Angelegenheit, die lange ruhte. Nachricht von einem Freund aus früheren Tagen.

Umgekehrt: Alte Konflikte und Situationen kehren ins Blickfeld zurück, die sich nachteilig auf die Gegenwart auswirken.

Aufrecht: Unerwarteter materieller Gewinn

durch eine Erbschaft oder ein heimliches Geschenk.

Umgekehrt: Ein Geheimnis wird gelüftet, welches den guten Ruf des Ratsuchenden schädigen kann.

Aufrecht: Gute Berufsaussichten.

Umgekehrt: Materielle Verluste, die nicht ausgeglichen werden können.

Aufrecht: Erfolg auf allen Ebenen.

Umgekehrt: Ein Fehlschlag, der neue Möglichkeiten eröffnet.

Aufrecht: Eine leidenschaftliche, anhaltende Liebesbeziehung steht ins Haus.

Umgekehrt: Der Ratsuchende sollte mit der Zuneigung seines Partners behutsam umgehen, um ein gebrochenes Herz zu vermeiden.

Aufrecht: Kontakte mit der Aussenwelt, die die Perspektive des Ratsuchenden erweitern werden.

Umgekehrt: Eine Periode selbstauferlegter Isolation oder des In-sich-Gehens, um neue Ideen zu nähren.

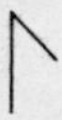

Aufrecht: Eine Offenbarung, die durch Intuition, eine plötzliche Eingebung oder in einem Traum empfangen wurde.

Umgekehrt: Eine Frau, die das Leben des Ratsuchenden durcheinanderbringt und viele Komplikationen hervorruft.

Aufrecht: Nachricht eines Fremden aus dem Ausland.

Umgekehrt: Ein vergeblicher Telefonanruf oder ein Brief, der nie beantwortet werden wird.

ᛟ

Aufrecht: Ein Testament oder eine Erbschaft, die dem Ratsuchenden oder seiner Familie Vorteile verschafft.

Umgekehrt: Eine ältere Person, die, mit ihren eigennützigen Einfällen alleingelassen, zu einer Bürde wird.

Wie wirft man nun die Runen? Man erinnere sich daran, dass es die alten Runenmagier viele Monate kostete, bis sie ihr Handwerk beherrschten; man erwarte also keine sofortigen exakten Resultate. Die einfachste Methode des Runenwerfens besteht darin, die Runensteine, die man selber angefertigt hat, vor sich auf den Boden zu werfen. Man deute nur jene Runen, die mit dem Gesicht nach oben zeigen; die anderen lasse man unbeachtet. Wenn eine Rune von einem wegweist, setze man die oben angegebene umgekehrte Bedeutung ein.

Das Beschwören des Hüters

Bevor man Runen wirft, empfiehlt es sich, Odin, den Hüter der Runen, still für sich zu beschwören. Eine entsprechende Formel lautet etwa so:

Grosser Odin,
Meister der geheimen Runen,
führe meine Hände und Gedanken,
auf dass meine Fragen
klar und deutlich beantwortet werden.
Im Namen von Thor, Freyja
und Baldur,
und durch die magische Kraft von
Wind, Feuer und Wasser.

Das Kreuz des Thor

Eine andere Methode der Runenwahrsagerei ist bekannt als das Kreuz des Thor. Hierbei werden Karten verwandt, auf die Runenzeichen gemalt wurden. Man mische sie wie ein gewöhnliches Kartenspiel. Beim Mischen formuliere man still die Frage, die man beantwortet haben möchte.

Dann wähle man vier beliebige Karten aus und lege sie in Form eines gleicharmigen Kreuzes vor sich auf den Tisch. In die Mitte dieses Kartenkreuzes plaziere man eine fünfte Karte.

Die Karte am unteren Ende des Kreuzes bezeichnet die allgemeinen Einflüsse, denen der Ratsuchende unterliegt. Die zweite Karte links (also im Uhrzeigersinn) bezeichnet die Widerstände, mit denen der Fragende konfrontiert wird. Runenkarte Nummer Drei, die der Karte Nummer Zwei gegenüberliegt, illustriert die für Sie günstigen Kräfte. Am oberen Ende des Kreuzes liegt die vierte Karte; sie steht für die kurzfristigen Folgen, mit denen Sie zu rechnen haben. Die fünfte Karte schliesslich steht für die langfristigen Folgen, die sich aus der Antwort des Kartenkreuzes für Sie ergeben werden.

Diese Form der Runenwahrsagerei ist in idealer Weise auf spezifische Fragen zugeschnitten, die keine langen und komplizierten Antworten verlangen. Sollten Sie aber interessiert sein, ausführlichere Deutungen zukünftiger Entwicklungen zu erhalten, so ist das Runenrad zu empfehlen, bei dem dreizehn Karten im Spiel sind.

Das Runenrad

Wiederum werden die Runenkarten gut gemischt. Wiederum wird Odin beschworen, und anschliessend werden dreizehn Karten ausgeteilt, die man entweder beliebig aus dem Kartenstapel zieht oder der Reihe nach von oben abhebt. Sind die zwölf Karten einmal gewählt, werden sie kreisförmig oder wie ein Rad ausgelegt, wobei man auf der Neun-Uhr-Position beginnt und entgegen dem Uhrzeigersinn fortfährt. Die dreizehnte Karte wird in die Mitte des Rades gelegt. Es erübrigt sich zu sagen, dass die Dreizehn eine sehr wichtige magische Zahl ist, die in Zusammenhang steht mit den dreizehn Monden oder Monaten des alten heidnischen Jahres.

Nachdem die Karten ausgelegt worden sind, werden sie einzeln und in Dreiergruppen interpretiert. Es gibt Runenwerfer, die das Runenrad nach den zwölf Häusern des Tierkreises ausrichten, die verschiedene Lebensbereiche repräsentieren. Dies ist eine sehr nützliche Methode der Wahrsagerei; die Bedeutung der astrologischen Häuser wird wie folgt angegeben.

Das erste Haus ist das Haus der Interessen, die sich auf die Person beziehen, die die Runen wirft – vor allem Gesundheitsfragen. Vorh. Planet: Mars.

Das zweite Haus hat mit materiellem Besitz zu tun, mit Geld und finanzieller Sicherheit. Vorh. Planet: Venus.

Das dritte Haus bestimmt die Beziehungen des Ratsuchenden zu Familie, Verwandten und engen Freunden. Darüber hinaus bestimmt es persönliche Korrespondenz, Telefongespräche und kleinere Reisen. Vorh. Planet: Merkur.

Das vierte Haus bezieht sich auf das häusliche Leben, auf die unmittelbare Umgebung des Ratsuchenden und alles, was dazugehört. Vorherrschender Planet: der Mond.

Das fünfte Haus steht in Zusammenhang mit Kunst, Sport, Spiel und anderen Aktivitäten, in denen die Selbstbewusstheit des Fragenden zum Ausdruck kommen. Vorherrschendes Gestirn: die Sonne.

Das sechste Haus bestimmt die Beziehung zwischen dem Ratsuchenden und der Aussenwelt. Anzeichen für eine schwere Erkrankung wird man ebenfalls hier finden. Vorherrschender Planet: Merkur.

Das siebte Haus bestimmt Ehe sowie Liebesverhältnisse des Ratsuchenden mit dem anderen Geschlecht. Bei Homosexuellen bezogen auf den jeweiligen Partner.

Das achte Haus weist auf mögliche Erbschaften hin; darüber hinaus auf die mögliche Todesart des Ratsuchenden oder die Todesart einer nahestehenden Person. (Werden die Runen für jemand anderen befragt, sollte man diese Information nicht suchen, es sei denn, der Runenwerfer wird ausdrücklich darum gebeten.) Vorherrschender Planet: Pluto.

Das neunte Haus gibt Auskunft über Reisen in ferne Länder, über rechtliche und religiöse Angelegenheiten, und nimmt bezug auf nicht-blutsverwandte Personen wie Schwager und Schwägerinnen. Vorh. Planet: Jupiter.

Das zehnte Haus. Dieses astrologische Haus gibt Auskunft über die Berufsaussichten des Ratsuchenden und wie er sich am besten durchsetzen kann. Vorherrschender Planet: Saturn.

Das elfte Haus bestimmt die Beziehung des Ratsuchenden zu Freunden und sein Interesse an gesellschaftlichem Leben oder Wohltätigkeitsorganisationen. Dies ist ausserdem das Haus der innersten Sehnsüchte und Träume. Vorherrschender Planet: Uranus.

Das zwölfte Haus. Dieses letzte Haus bezieht sich auf das geheime Innenleben des Ratsuchenden; auch auf Isolation von der Welt und Rückzug aus der Alltagswirklichkeit – Regeln und Gesetze, Gefängnis- und Krankenhausaufenthalte, religiöse Glaubensgemeinschaften und humane Dienstleistungen. Vorherrschender Planet: Neptun.

Indem die Runenwerfer die wahrsagerischen Bedeutungen der Runen und den besonderen Symbolismus der zwölf Häuser des Tierkreises anwenden, können sie, nach reichlicher Übung und Erfahrung (von psychischen Einsichten einmal ganz abgesehen) ein ziemlich umfassendes Bild zukünftiger Ereignisse bestimmen.

Das Fortleben der Runen

Den Höhepunkt ihrer Kunst erlebten die Runenmagier im sogenannten «dunklen Zeitalter», im Mittelalter, nachdem die Römer aus England abgezogen waren und Wikinger, Dänen und Sachsen Kriegszüge nach England unternahmen. Auch in heutiger Zeit betrachtet man die Wikinger als ungehobelte Barbaren, die in einer der dunkelsten Epochen unserer Geschichte vergewaltigend und plündernd durchs Land zogen. Die Wahrheit gestaltet sich jedoch anders. Jüngste Forschungen und archäologische Ausgrabungen haben ergeben, dass die Wikinger eine kultivierte und zivilisierte Volksgemeinschaft waren, die das blutrünstige Image, welches sie in zweitklassigen Filmen und in der Sensationsliteratur geniessen, nicht verdienen. Was handwerkliches Können und Kunstfertigkeit angehen, ist ihr Geschmeide unübertroffen, und die in jüngster Zeit in York durchgeführten Ausgrabungen haben offenbart, dass die Wikinger im Altertum ein massgebliches Handelsvolk waren. Ganze Ladenreihen wurden ans Tageslicht gefördert, wo sich Handelsleute aus allen Teilen Europas einfanden, um Waren anzubieten und gegen Wolle, wertvolle Metalle und Waffen zu tauschen. Die nordischen Völker hielten weite Gebiete Englands besetzt und hinterliessen bis auf den heutigen Tag ihre Spuren, die sich in örtlichem Brauchtum, in Ortsnamen und selbst in rassischen Merkmalen der gegenwärtigen Bevölkerung niederschlugen. Bis zur Eroberung durch die

Normannen, die sich im Grunde genommen aus Familienzwistigkeiten zwischen rivalisierenden heidnischen Stämmen, die um die englische Krone kämpften, ergab, verwalteten nordische Eindringlinge diese Ländereien.

Das von Angelsachsen und nordischen Völkern besetzte England wird von Historikern im allgemeinen als ein korruptes, barbarisches Land angesehen. Doch waren die Sachsen äusserst begabt und hervorragender Kunstwerke fähig, wie etwa die berühmte Kingston-Brosche aus Kent es beweist. Dieses Schmuckstück stammt aus dem siebten Jahrhundert und weist ein konzentrisches Design auf, welches von einem anmutigen Kreuzmuster unterbrochen wird. Es ist aus Gold, Granat, blauem Glas und Stücken weisser Seemuscheln gearbeitet. Diese Brosche ist ein prachtvolles Beispiel handwerklichen Könnens und straft jene Historiker Lügen, die diese Epoche englischer Geschichte als «dunkles Zeitalter» abwerten.

Absorption des Heidentums

Bei unserem Studium der magischen Runen sollten wir nicht aus den Augen verlieren, dass die Zeit des Übergangs von den alten heidnischen Religionen zum Christentum bei weitem länger dauerte, als orthodoxe Historiker und Theologen es uns glauben machen möchten. Gewiss war es nicht damit getan, dass irgend jemand einen Zauberstab schwang und alle Menschen gleichsam über Nacht zum Christentum bekehrt waren, wie die meisten Geschichtsbücher es darstellen. Während die Aristokratie möglicherweise rasch von den politischen Vorteilen der neuen Religion überzeugt werden konnte, weigerte sich das einfache Landvolk – das die eigentlichen Heiden stellte –, die Lehre aus dem Osten anzuerkennen und blieb seinen alten Glaubensgewohnheiten hartnäckig verhaftet.

Die christlichen Priester erkannten dies und passten ihre

religiösen Überzeugungen den alten heidnischen Gewohnheiten an und negierten sie auf dem Wege der Absorption. Papst Gregor schrieb einem seiner britischen Missionare, wie die alte Religion von innen her zersetzt und zerstört werden konnte. Dazu folgender Wortlaut:

> Die Götzen des Volkes sollten um keinen Preis zerstört werden, aber ihre Tempel mit heiligem Wasser besprengt; in ihnen sollten Jesu, dem Herrn, Altäre errichtet und darin Reliquien aufbewahrt werden. Denn wenn diese Heidentempel gut und solide gebaut, sollten sie von der Anbetung von Dämonen gereinigt und dem erhabenen Dienst Gottes geweiht werden. Auf diese Weise mag es geschehen, dass die Menschen, sehen sie erst einmal, dass ihre Tempel nicht zerstört werden, ihren Irrtum einsehen und sich um so bereitwilliger an den ihnen gewohnten Orten einfinden, schliesslich gar dahin kommen werden, den wahren Gott kennenzulernen und ihn zu preisen.

Eine solche Propaganda beeinflusste selbst die Anhänger der heidnischen Runenmagie. Einige von ihnen waren es sogar zufrieden, Jesus als einen anderen Aspekt Odins zu akzeptieren. Immerhin hing der neue Gott ebenfalls an einem Baum und starb für die Sünden seines Stammes einen rituellen Tod. Dies war ein Motiv, das alle Heiden begriffen, die um das Opfer des göttlichen Königs wussten, der starb, um die Erde mit seinem Blut fruchtbar zu machen. Deshalb zögerten sie auch nicht lange, Maria als einen anderen Aspekt der Grossen Göttin zu akzeptieren.

Der Doppelglaube

Während der Periode des Doppelglaubens, die bis ins elfte und zwölfte Jahrhundert existierte, entwickelten sich die Runen zu einem mystischen Alphabet, mit dessen Hilfe das Leben Jesu und seiner Jünger beschrieben wurde. Ein klassisches Beispiel ist das Ruthwell-Kreuz auf einem Friedhof in Dumfries, England. An diesem Kreuz finden sich Kreuzigungsszenen (in Runenschrift ausgeführt), die mit heidnischen Symbolen (Vögel und wildwachsende Blumen) geschmückt sind. Weiterhin gibt es Szenen von Christi Geburt, die Flucht Marias und Josephs nach Ägypten, die Taufe des Johannes, die Heilung eines Blinden durch die Nazarener und Maria Magdalena, die Jesus die Füsse wäscht.

Auf einem im Jahr 698 für den heiligen Cuthbert gefertigten Sarg finden sich römische Lettern und Runen nebeneinander; wobei vor allem für die Namen Jesu sowie die vier Apostel Matthäus, Markus, Lukas und Johannes Runen verwendet werden. Dies ist das Überbleibsel des vorchristlichen Brauches, für die heiligen Namen der Götter Runen zu benutzen. Dass sie für die Namensinschrift eines christlichen Heiligen des siebten Jahrhunderts weiterhin eingesetzt wurden, beweist, dass ihre magische Kraft mit dem Aufkommen einer neuen Religion noch immer ungebrochen war.

In christlichen Gebeten wurden häufig heidnische Beschwörungen aufgenommen – man tauschte lediglich die Namen der alten Götter gegen die der neuen Heiligen und Apostel aus. Der Volkskundler Alexander Carmichael (1832–1912) verbrachte sein ganzes Leben damit, gälische Gebete und Segenssprüche zu sammeln, die im schottischen Hochland und auf den Hebriden immer noch in Gebrauch waren. Viele davon sind kaum verhüllte heidnische Beschwörungen für gute Ernten oder das Weihen der Saat. Diese Gebete beschwören nicht nur Jesus und die christlichen Heiligen, sondern auch die heilige Bride, eine christliche Version von Bridget, der keltischen Göttin heiliger Feuer und Brunnen.

In einem berühmten Fall dieser Art wurde das Vaterunser (in Runen geschrieben) von heidnischen Sachsen als Kampftalisman verwendet. Sogar im elften Jahrhundert (in einer Zeit, von der die Historiker uns glauben machen möchten, dass das Christentum die allmächtige und einzige Religion Westeuropas und das Heidentum ein längst vergessener Aberglaube war) wurde ein Abt namens Aelfric gezwungen, die Anwendung von Magie – in Form von Runen – zu verdammen.

Etwas früher – im achten und neunten Jahrhundert – wiesen einige ländliche Friedhöfe Grabsteine auf, in die Totengebete in Runenschrift eingraviert waren. Eines der verblüffendsten Beispiele für das Verschmelzen von Heidentum und Christentum ist die berühmte Franks-Schatulle, die aus dieser Zeit des Doppelglaubens stammt. Seinen Namen erhielt sie von Sir Augustus Franks, der sie im Jahre 1867 dem British Museum als Schenkung vermachte. Diese Schatulle schmücken Darstellungen der sächsischen Heidenreligion sowie Szenen aus der Bibel; beide werden von Textinschriften begleitet, die mit Hilfe des magischen Runenalphabets ausgeführt wurden.

Auf der Vorderseite der Schatulle befindet sich links eine Illustration, die den sächsischen Gott Wayland in seiner Schmiede darstellt – im Volksmund ein neusteinzeitlicher Grabhügel in Berkshire –, mit allem Drum und Dran: mit Amboss, Hammer und Blasebalg. In seiner Zange hält er einen Menschenkopf, aus dem ein Schädelkelch geschmiedet werden soll. Der Körper des Mannes, dem der Kopf vom Rumpf getrennt wurde, liegt neben dem Amboss. Zwei Assistentinnen stehen um ihn herum und draussen wird einem Knaben (wahrscheinlich Waylands Bruder Egil) gezeigt, wie man Gänse fängt.

Auf der rechten Seite der Schatulle sind die drei Weisen aus dem Morgenland abgebildet, die vor der Jungfrau Maria und ihrem neugeborenen Sohn niederknien. Darüber strahlt der Stern von Bethlehem. Jedes dieser Bilder ist von einem Runenkranz umgeben, der das Geschehen erläutert.

Heilformeln

Es ist mehr als wahrscheinlich, dass die Ärzte, die mit Blutegeln arbeiteten, das Geheimnis der Runen lebendig erhielten. Dazu gehören etwa magische Formeln, Heilkräuter und Beschwörungen, die heidnische und christliche Gebete miteinander kombinierten. Auch hierzu ein Beispiel:

Unser Herr Wodan ritt
und seines Füllens Fessel knickt',
er sprang ab behende,
richtete den Fuss mit seinen Händen:
Knochen an Knochen, Fleisch an Fleisch,
heile im Namen des Gottesreichs
von Wodan, Baldur und Freyja.
Baldur und Wodan
ritten in den Wald,
Baldurs Fohlen den Fuss verstaucht,
Wodan beschwört
wie er's gelernt und oft gehört,
für Knochen verstaucht,
für Glieder verzerrt;
Knochen an Knochen,
Glied an Glied,
wie geleimt und unversehrt.

Eine weitere Formel nordisch-sächsischen Ursprungs wurde eingesetzt, wenn es galt, Verbrennungen zu heilen. Darin werden Nornen und andere nordische Gottheiten genannt:

Drei Frauen kamen von Osten,
von Schnee begleitet, Frost und Feuer,
Feuer heraus – Frost herein,
im Namen Wodans, Thors und Lokis
geheilt ihr sollt sein.

Diese Verschmelzung heidnischer und christlicher Auffassungen illustriert den Kampf zwischen rivalisierenden Glaubensbekenntnissen im England der Angelsachsen. Es war ein Kampf von Geist, Seele und Herz, der von den Hütten des einfachen Landvolks bis in die Hallen jener Könige reichte, die behaupteten, Nachfahren Wodans zu sein. Dies mündete in blutige Auseinandersetzungen, denn als die Kirche an politischem Einfluss gewann, unterdrückte sie Ketzer und Andersgläubige, die unterschiedliche spirituelle Wege gewählt hatten.

Die Verfolgung der Heiden

Im ausgehenden vierzehnten Jahrhundert setzten die ersten Hexenprozesse ein, und während der folgenden vierhundert Jahre starben schätzungsweise neun Millionen Männer, Frauen und Kinder, um die unglückseligen Rachegelüste der Kirche zu befriedigen. Viele Menschen, die am Galgen oder auf dem Scheiterhaufen ihr Leben aushauchten, waren unschuldig. Im Angesicht solch unsäglicher Schrecken wie Augenausstechen, Daumenschrauben und Streckfolter zogen viele Opfer es vor, falsches Zeugnis abzulegen oder eines raschen Todes zu sterben, um den Qualen der Inquisition zu entgehen.

Ein Ergebnis jener mittelalterlichen Hexenjagden war die Verdammung der Runen als einem Instrument der schwarzen Magie, bis sie, mit dem Ende dieser Epoche, schliesslich ganz in Vergessenheit gerieten. Der Begriff *Rune* degenerierte dahin, dass er fortan jedes beliebige magische Wort oder Symbol bezeichnete, das in einem Bannspruch oder einer Beschwörung verwendet wurde. Erst im ausgehenden neunzehnten Jahrhundert tauchten Runen im allgemeinen Bewusstsein wieder auf; ein Verdienst deutscher Okkultisten, die den Versuch unternahmen, das teutonische und altnordische Heidentum neu zu beleben.

Politisches Heidentum

Viele dieser Okkultisten identifizierten sich mit verschiedenen Formen des deutschen Nationalismus. Einer von ihnen war Dr. Bernhard Koerner, ein Mitglied des Preussischen Heraldsbüros und ein Experte für Genealogie alter deutscher Familien. 1912 trat er dem Germanen-Orden bei, eine extrem rechtsgerichtete Bruderschaft, die Antisemitismus mit Okkultismus und Runenmagie verknüpfte. Sie hatte die Mysterien des Odin wieder aufgegriffen, und ihre Novizen mussten ein Aufnahmeritual über sich ergehen lassen, das jenen Ritualen glich, die in den heidnischen Tempeln des vorchristlichen Europas vollzogen wurden. Dem Novizen wurde gesagt, er sei Mitglied einer höherstehenden Rasse, und er wurde angewiesen, zum Zeichen seiner Ergebenheit die Klinge eines Schwertes zu küssen. Eine der ersten spirituellen Lehren, die er empfing, war die Einweihung in das magische Runenalphabet.

Koerner war ein Schüler des berühmten deutschen Okkultisten Guido von List, dessen Buch «Das Geheimnis der Runen» in europäischen okkulten Zirkeln ein Bestseller wurde. Ein anderer Gesinnungsgenosse Koerners war der Baron von Sebbottendorf, der die Zeitschrift «Runen» herausgab, die sich dem arischen Heidentum und antijüdischer Propaganda verschrieben hatte. 1918 erstand der Baron ein kleines Verlagsunternehmen, aus dem später «Der Völkische Beobachter» hervorging, das offizielle Organ der Nationalsozialistischen Partei Deutschlands. Eines ist gewiss:

Hitler und seine Kameraden waren von Runen und deren geheimen okkulten Kräften fasziniert. Hitler verwendete Runenzeichen gar als Emblem der SS, jener gefürchteten Elitetruppe, die im besetzten Europa Schrecken und Entsetzen verbreitete.

Die Anbetung der nordischen Götter ist bis auf den heutigen Tag verbreitet. Es gibt Odinistische Bewegungen in Deutschland, England, Kanada, den USA und Australien. Viele dieser Gruppierungen sprechen sich für rechtsradikale Politik aus, andere fahren fort, die althergebrachte Kunst der Runenmagie zu betreiben.

Das Druidenalphabet

Bei unserer Erforschung der magischen Kräfte der Runen haben wir bereits die altirische Oghamschrift erwähnt. Ogham ist ein gälisches Wort, das vom Namen des Sonnengottes Ogma abgeleitet wurde. Ogma war Dichter, Harfenspieler und Heiler; man sagt, er sei der Erfinder der Oghamschrift gewesen.

Professor Rhys, eine Kapazität auf dem Gebiet der keltischen Sprachforschung, meint, das Wort «Ogham» könne mit «einer, der wortgewandt ist» übersetzt werden. Dies scheint mir eine angemessene Bezeichnung für jemanden zu sein, der in der okkulten Anwendung der alten keltischen Magie bewandert ist. Eine Bezeichnung, die auf altnordische oder sächsische Runenwerfer und Magier ebenso zutreffend ist.

Der Ursprung der Oghamschrift

Manche Sprachforscher vertreten die Auffassung, die Oghamschrift sei aus dem Osten eingeführt worden, dem Ursprungsland der keltischen Stämme. Die frühesten Überreste keltischer Kultur in Europa reichen in das achte und fünfte vorchristliche Jahrhundert zurück und erscheinen in Österreich. Als ausgeprägte Rasse treten die Kelten in Mitteleuropa erstmals zwischen 1000 und 800 vor Christus auf; vermutlich stammen sie von den indo-europäischen Völkern ab, die sich ein paar hundert Jahre früher vom asiatischen Subkontinent aus verbreiteten.

Der asiatische Ursprung der westeuropäischen Stämme wurde durch die Entdeckung eines Reliefs bestätigt, welches bei Grabungen im Pundschab, in der historischen Stadt Mohenjodaro gefunden wurde. Dieses Relief stammt aus dem Jahr 2000 vor Christus und zeigt einen gehörnten Gott mit drei Gesichtern und einem erigierten Penis. Er sitzt in der Yogaposition da, umgeben von Tigern, Elefanten, Ziegen, Ochsen, Fischen, Vögeln und Nashörnern. Dieser asiatische Fruchtbarkeitsgott lässt sich mit der bildlichen Darstellung des keltischen Gottes Cernnunos vergleichen, wie man sie auf jenem, in Gundestrup (Dänemark) gefundenen Kessel als Verzierung fand. Cernnunos kommt aus dem Lateinischen und bedeutet «der Gehörnte»; er wurde auch der Herr der Tiere genannt. Beide Götter sind in praktisch allen Merkmalen identisch.

Manche Wissenschaftler vertreten die Ansicht, dass der Prototyp des Ogham-Alphabets eine Form der griechischen Buchstaben war, wie sie ein paar Jahrhunderte vor unserer Zeitrechnung in Norditalien üblich waren. Wie wir an anderer Stelle gesehen haben, stammen die Runen ebenfalls aus diesem Gebiet und wurden mit der etruskischen Zivilisation in Zusammenhang gebracht, was auf eine eindeutige Verbindung zwischen beiden Alphabeten hinweist.

In seinem Buch «The Alphabet: A Key to the History of Mankind, Vol. 1» vertritt David Diringer die These, dass die Erfinder der Oghamschrift mit den Runen vertraut gewesen sein müssen. Er geht sogar soweit zu behaupten, dass das Ogham- und das Runenalphabet verbündete Systeme magischer Schreibweisen mit gemeinsamem Ursprung sind. Professor Rhys hingegen gibt als Ursprungsland der Oghamschrift Südirland an.

Das Ogham-Alphabet bestand aus zwanzig Schriftzeichen – fünfzehn Konsonanten und fünf Vokalen – und weist Ähnlichkeit mit Sprachsystemen für Taubstumme auf. Das Alphabet war in fünf Gruppen unterteilt, was die Finger einer Hand symbolisiert. Wenn sie nicht geschrieben wurde, wurde die Oghamschrift als Zeichensprache verwendet, indem ihr Benutzer mit den Fingern Nase, Unterarm oder Oberschenkel berührte. Beim Schreiben wurden, demselben System folgend, Striche entlang einer Hauptlinie ausgeführt. Dazu ein Beispiel:

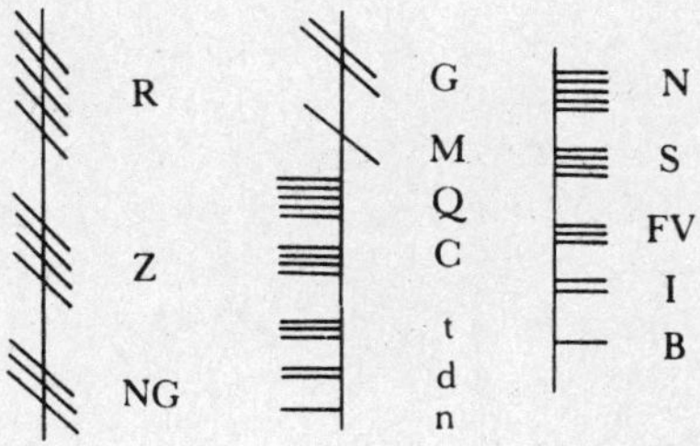

Druidenrituale

Die Oghamschrift und -sprache wurde von den keltischen Druiden (oder «Eichenmännern»), den Priester-Magiern gelehrt. Trotz der zahlreichen Bücher über Druiden bleiben ihre Bräuche, ihre Auffassungen in Dunkel gehüllt. Nicht einmal die korrekte Bedeutung ihres Namens konnte bislang ermittelt werden. Der Gelehrte Plinius meinte, der Name Druide habe seine Wurzeln im griechischen *drus,* «Eiche». Die zweite Silbe wird als Abweichung vom indo-europäischen *wid,* «lernen», verstanden. Möglich wäre auch ein Zusammenhang mit dem späteren sächsischen *wiccae* mit der Bedeutung «Weise», ein Wort, das im Europa des Mittelalters zu «Hexe» wurde.

Berichte über Druiden, die von Aussenstehenden wie Julius Caesar, Strabo, Plinius und Tacitus verfasst wurden, sind zumeist verzerrt und durch Vorurteile ihrer Autoren entstellt. Caesar etwa gehörte einem Volk an, das sich den

«Barbaren», die das von den Römern besetzte Westeuropa bewohnten, weit überlegen fühlte. Aus diesem Grund tat er alles ihm mögliche, um die Kelten in Misskredit zu bringen und sie als unzivilisierte Wilde darzustellen. Beispielsweise spricht er von riesigen, aus Weiden geflochtenen Bildsäulen, in die man Verbrecher steckte und an bestimmten Festtagen darin verbrannte. Weiterhin führt er aus, dass die Kelten Dis, den Gott der Unterwelt, und andere Gottheiten verehrten, die als Apollo, Merkur, Mars, Jupiter und Minerva identifiziert werden konnten. Dabei handelt es sich wahrscheinlich um keltische Götter und Göttinnen, denen man lateinische Namen gab; vergleichbar dem gehörnten Gott Cernnunos, dessen keltischer Name uns gänzlich unbekannt ist.

Plinius liefert uns eine ausführliche Beschreibung eines Druidenrituals, nämlich das Schneiden der heiligen Mistel, einer Pflanze, die von den Kelten als ein äusserst wirksames Heilmittel gepriesen wurde. Die Zeremonie wurde am sechsten Tag des zunehmenden Mondes abgehalten und schloss das den Kräften der Natur dargebrachte Opfer zweier weisser Bullen ein. Ein in einen weissen Umhang (der die Reinheit des Geistes symbolisierte) gehüllter Druide steigt in einen Baum und schneidet mit einer goldenen Sichel eine Mistel ab. Die Pflanze fällt hinab und wird mit einem weissen Tuch aufgefangen. Die Bullen werden herangeführt, man schneidet ihnen mit einem Ritualmesser aus Feuerstein die Kehlen durch, und ihr Blut tränkt den Boden unter dem Baum. Vor diesem Ritual fasteten die Druiden, und die Mistel durfte nur mit der linken, der Mond-Hand geschnitten werden.

Die Heiden betrachteten die Mistel als eine besondere Pflanze, die bei allerlei Krankheiten und Gebrechen als Heilmittel eingesetzt wurde. Dies wurde bis auf den heutigen Tag stets belächelt, doch gelang es einem schweizerischen Forscherteam, Nachweise zu erbringen, die den Kelten recht geben. Wie wir gehört haben, war es ein aus der Mistel geschnittener Pfeil, der den nordischen Gott Baldur ins Herz traf, und in Schweden ist diese Pflanze immer noch dem Donnergott Thor geweiht.

Ein weiterer, wenig bekannter Aspekt der Mistel ist ein symbolischer. Und zwar betrachtete man in heidnischen Zeiten die weissen Beeren der Mistel als Symbol für Samentropfen. Die Eiche, auf der die Mistel sich zuzeiten als Parasit ansiedelt, galt im Altertum ebenfalls als ein phallisches Symbol. Wie im Lateinischen so bezeichnet der Name *Glans* oder Eichel auch im Deutschen zweierlei: die Frucht der Eiche und das Kopfende des Penis. Die so unschuldig wirkende, moderne Version des Küssetauschens unter dem Mistelzweig ist eine sehr sublimierte Form der alten Fruchtbarkeitsrituale, die im Schatten der Eichen abgehalten wurden, um gute Ernten zu sichern. Aus diesem Grund ist die Mistel die einzige wintergrüne Pflanze, die zur Weihnachtszeit nicht als Kirchenschmuck verwendet werden darf.

Indo-europäische Wurzeln

Im Gegensatz zu den tendenziösen Beschreibungen barbarischer Menschenopfer durch die klassischen Autoren scheint es sicher, dass die keltischen Druiden Anhänger der alten indo-europäischen Schamanentradition waren. Allein die Ritualgewänder sprechen dafür. Der berühmte irische Druide MacRoth etwa soll in das Fell eines schwarzbraunen Bullen gekleidet gewesen sein und dazu einen gesprenkelten Kopfschmuck aus Vogelfedern getragen haben. Obwohl Stonehenge und andere neolitische Steinzirkel als Versammlungsort gedient haben mögen, für gewöhnlich kamen die Druiden in heiligen Hainen (oder *Nemetons*) zusammen, was, wie wir bereits hörten, ein typisches Merkmal schamanistischer Praktiken war.

Druidenanwärter mussten sich Ausbildungszeiten unterwerfen, die bis zu zwanzig Jahren währten, und alle Lehren wurden in der Art der Schamanen mündlich erteilt. Wie dem Schamanen sagte man auch dem Druiden nach, dass er fliegen, die Gestalt von Tieren annehmen und mit den Vögeln kommunizieren konnte. Druidenzeremonien bezogen rituelles Trommeln und Tanzen ein sowie den Genuss des Fliegenpilzes *(Amanita muscaria)*. Entweder erbten die Druiden ihre schamanistischen Kenntnisse von den indoeuropäischen Vorfahren in Asien oder sie wurden von den Ureinwohnern eingeweiht, denen sie im Laufe ihrer Völkerwanderung in Westeuropa begegneten.

Gibt es irgendwelche Hinweise, dass die Druiden um die Runen und deren magische Kräfte wussten? In *Pugh's Welsh Dictionary* finden sich ein paar Wörter mit okkulter Bedeutung, die der alten keltischen Sprache entliehen sind, zum Beispiel: *coel,* ein Omen oder Aberglaube; *coel bren,* ein Stück Holz, um das Los zu werfen; *coel fain,* die Omensteine (Runen?); und *coel y beirdd,* das Alphabet der Barden. Schlägt man im *New English Dictionary* nach, so findet man, dass *coel* oder *cole* ein altes Wort mit der Bedeutung Prophet, Magier oder Weissager ist.

Die *coel bren* waren auch als Omenstäbe bekannt und wurden von den Druidenältesten benutzt, um die Zukunft vorauszusagen. Möglicherweise ähneln sie den Eibenstäben – oder sind gar mit ihnen identisch –, in die Oghamsprüche geritzt waren, und von Druiden gelegentlich für Voraussagen verwendet wurden. Der berühmte keltische Barde Taliesin erwähnt sie in einem seiner Gedichte:

Ich bin Taliesin
Kopf der Barden des Westens.
Mir ist jeder Zweig bekannt
in der Höhle des Erzweissagers.

Das druidische Baumalphabet

Ein System der Wahrsagerei war eng an das druidische Baumalphabet geknüpft. Dies war als *Beth Luis Nion* bekannt und hatte seinen Namen von den drei heiligen Bäumen, von Birke, Eberesche und Esche. In diesem Alphabet benutzten Druiden in England heimische Bäume, um die Buchstaben des Oghamalphabets zu symbolisieren. Sie entsprachen auch den Buchstaben des griechischen und des römischen Alphabets:

Römisch	**Keltisch**	**Baum**
A	Ailm	Edeltanne
B	Beth	Birke
C	Coll	Haselstrauch
D	Duir	Eiche
E	Eahda	Espe
F	Fearn	Erle
G	Gort	Efeu
H	Uath	Hagedorn
I	Idho	Eibe
L	Luis	Eberesche
M	Muin	Rebstock
N	Nion	Esche
Ng	Ngetal	Schilf
O	Ohn	Stechginster
R	Ruis	Holunder
S	Saille	Weide
T	Tinne	Stechpalme
U	Ura	Heidekraut

Die Kelten setzten die dreizehn ursprünglichen Konsonanten des Oghamalphabets und ihre symbolischen Bäume mit den dreizehn Monden des alten heidnischen Kalenders in Verbindung. Entsprechend den Mondphasen hatte jeder Monat achtundzwanzig Tage. Der Jahreslauf begann am ersten November, dem keltischen Neujahrsfest Samhain oder Sommerende.

Baum	**Monat**	**Gottheit**	**Esoterische Bedeutung**
Birke	23. XII.– 20. I.	Ceridwen	Beginnen
Eberesche	21. I.– 17. II.	Brigit	Magie
Esche	18. II.– 17. III.	Gwydion	Wissen
Erle	18. III.– 14. IV.	Bran	Stärke
Weide	15. IV.– 12. V.	Arianhod	Verzauberung
Hagedorn	13. V.– 9. VI.	Olwen	Fruchtbarkeit
Eiche	10. VI.– 7. VII.	Die Dagda	Kraft
Stechpalme	8. VII.– 4. VIII.	Cuchulain	Heldenmut
Haselstrauch	5. VIII.– 1. IX.	Mannanan	Weisheit
Brombeerstrauch	2. IX.– 29. IX.	Sadv	Verzückung
Efeu	30. IX.– 27. X.	Palu	Rausch
Eibe	28. X.– 21. XI.	Gwyn	Tod
Holunder	22. XI.– 22. XII.	Cailleach	Wiedergeburt

Da die Druiden die Oghamschrift (die, wie die Odin zugeschriebenen Runen, ebenfalls von einem Gott, von Ogma erfunden wurde), das bardische Runenalphabet, die *coel bren* oder Omenstäbe sowie schamanistische Praktiken verwendeten, kann man sie mit den Magiern des heidnischen Skandinavien als verwandt bezeichnen.

Eine Vision von Einheit

Schliesslich sind wir dahin gelangt, dass wir uns eine magische Überlieferung vorstellen können, die auf den Anschauungen und Ritualen der alten Schamanenreligion basieren, welche den Ausgangspunkt der heidnischen spirituellen Philosophie des vorchristlichen Europas bildet. Sie gründete sich auf die Verehrung der Mutter Erde, auf den Glauben an eine allmächtige Lebenskraft, die alles Leben im Universum durchdringt, und auf das Akzeptieren der wahren Rolle des Menschen, nämlich das Leben auf unserem wunderbaren Planeten zu bewahren.

Dieses Buch wurde geschrieben, um dem modernen Leser, der die Mysterien des Gedankenguts vergangener Zeiten zu ergründen sucht, einen Einblick in das europäische Heidentum zu gewähren. Es eröffnet uns, dass die mystische Überlieferung der Einheit allen Lebens das wahre magische Geheimnis ist, welches sich im druidischen Baumalphabet und in den altnordischen Runen verbirgt.